会計超入門！

知識ゼロでも
2時間で決算書が
読めるようになる！

佐伯良隆
SAEKI YOSHITAKA

高橋書店

はじめに

わかりやすさへの挑戦

　この本は、会計や決算書の知識がまったくない方でもストレスなく理解でき、しかも実際に使える知識が身に付くよう、読者の「わかりやすい！」を徹底的に追求しました。

　書店にいくと、会計や決算書にかんする本はすでにたくさんあります。それなのになぜ、新たに出す必要があるのでしょう。
　それは、本質を本当にわかりやすく、正しく伝えている本が驚くほど少なかったからです。

　私はビジネススクールやセミナーなどで、会計や金融にかんする講師をしていますが、受講生からしばしば「この分野の本を何冊か読んだが、いまだによくわからない」という声を聞きます。
　なぜでしょう。
　それは、たいていの会計本が、細かい定義や決まりごとの解説が中心だからです。その結果、読者が「木を見て、森を見ず」に陥っているのです。つまり、"決算書を読みこなしてビジネスで使いたい"という読者の求めに、本が応えきれていないのです。

　多くの会計・決算書関連の本は、会計士や税理士、学者らさまざまなプロによって書かれています。いずれも会計のルールに

沿って詳しく書かれています。

　しかし彼らは、どちらかと言えば決算書の作り手であり、使い手ではありません。会計のルールを正確に伝えようとするがために、解説が教科書っぽくなってしまい、焦点をつかみにくくさせているのです。

　本書は、経理にたずさわる人向けというより、あくまで決算書の数字を読み解き、ふだんのビジネスに役立てる人向け。決算書の、作成者ではなく利用者の立場で書かれた本です。

会社と人の意外な共通点

　会計や決算書の話は、細かいことにこだわりだせば膨大なページになってしまいます。しかし数字を読む立場からすれば、知っておくべき視点は、案外限られているのです。

　だからこそ本書では、予備知識のない人が数字を読み解くにあたり、必要十分な情報だけに絞りました。その方針から、思い切って省略した箇所もあります。

　その分、どうしたら誰もが直感的にわかるかを徹底的にこだわりました。

　会計・決算書の話をしようとすると、抽象的な概念の話を避けてとおれません。これが、わかりにくさの主な原因です。そこで本書では、その悪因を断つために、目に見える日常生活の物事に置き換えた比喩表現で説くよう努めました。

そこから生まれたアイデアが人の身体(からだ)にたとえて説明する方法です。難解な決算書を人の身体にたとえられたら、イメージしやすいですよね。たとえば「会社の資産とは企業に帰属し、貨幣による評価が可能で、将来収益を期待できる…」より「会社の資産は、筋肉と脂肪のようなもの。とくに脂肪には悪玉と善玉コレステロールがあり…」のほうが、イメージとしてつかめませんか。このように、誰でもよく知っている身体にたとえれば、決算書の本質について「あぁ、そうだったのか！」と簡単にわかるのです。

　本書では、決算書のイメージをわかりやすく伝えるにとどめていません。前半の基礎編で必要不可欠な知識を紹介したうえで、後半の分析編で、実在の会社の決算書を使い「会社はどう成長するのか」「なぜ倒産するのか」などのテーマに切り込みます。読み進めるうちに、いつの間にか深い話へ入り込んでいるでしょう。

決算書を利用する側の視点

　私はかつて政府系の銀行で融資の仕事をし、その後投資会社のファンドマネジャー（投資責任者）として、さまざまな会社の決算書を分析してきました。まさに決算書を利用する立場だったのです。
　一方で、ビジネススクールなどでの講師を務めることで、会計をわかりやすく伝える技術も磨いてきました。
　私自身、銀行での研修や海外MBA留学を通じて、会計や決算書についての知識は十分持っていたつもりでした。

しかし、いざ仕事でその知識を使うにつれ「こういうことだったのか！」と気づくことがたびたびあったのです。決算書の利用者として私が培ってきた視点を生かし、みなさんには少しでも「近道」をしていただきたい、そんな思いで書きました。
　本書は、流行(はや)りのテーマを追いかけていません。すぐには色あせない、重要な基本を押さえています。読み終えたあとでも、困ったときに手に取れる、そんな本になればと思っています。

　現代のビジネスパーソンに求められる能力に「IT」「英語」、そして「会計」を三種の神器としてあげる人がいます。私も同感です。しかし、多くの日本人が会計についての知識を持っていません。
　これからの厳しい世の中を生き抜くうえで、経済のことが見えなくては進んでいけません。その経済を築いているのが会社です。そして私たちの多くが何らかのかたちで会社とかかわっています。つまり会社の状態を数字から読み解く知識が本当は必要なのです。日本経済が不透明さを増し、大企業でも倒産するいま、その重要度は高まっています。

　みなさんが、本書を読んで「なんだ、会社の数字って、こうすれば簡単に理解できるのか！」と感じていただければ、最上の喜びです。

本書は[基礎編][分析編]の2部構成！

誰でもわかるように、決算書・会計のことをゼロから説明！

基礎編

1〜5章

そもそも会計って何？

決算書には何が書かれている？

誰でも会社の数字を読みとけるようになる！

分析編

6〜9章

つぶれない？

伸びてる？儲かってる？

どの数字が大切？

どこ見ればわかる？

だから、知識ゼロでも決算書がわかって、読みとける！

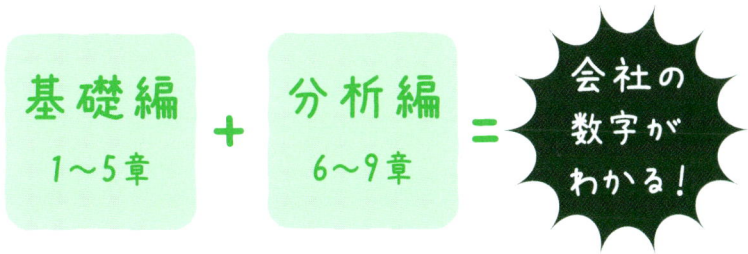

基礎編 1～5章 ＋ 分析編 6～9章 ＝ 会社の数字がわかる！

本書の特長

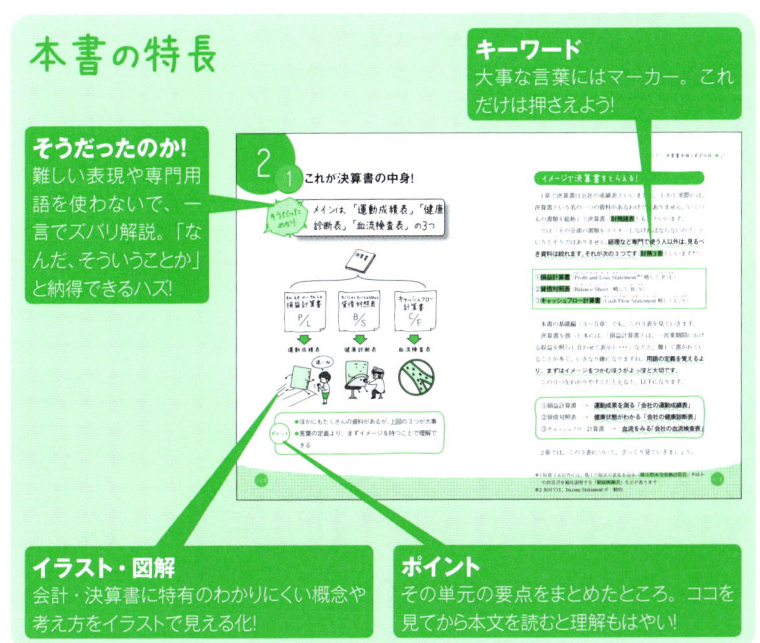

そうだったのか！
難しい表現や専門用語を使わないで、一言でズバリ解説。「なんだ、そういうことか」と納得できるハズ！

キーワード
大事な言葉にはマーカー。これだけは押さえよう！

イラスト・図解
会計・決算書に特有のわかりにくい概念や考え方をイラストで見える化！

ポイント
その単元の要点をまとめたところ。ココを見てから本文を読むと理解もはやい！

もくじ

はじめに
本書の構成について

これが実際の決算書! ……………………………………………… 14
- 損益計算書（P/L） ………………………………………… 15
- 貸借対照表（B/S） ………………………………………… 16
- キャッシュフロー計算書（C/S） ………………………… 18

1章 基礎の基礎! 決算書超入門

1-1 そもそも決算書って何? ……………………………… 20
1年の「成果」と今の「体調」がわかるもの

1-2 なんで決算書が必要? ………………………………… 22
会社にも健康・不健康がある

1-3 決算書は誰がなんのために読む? ………………… 24
会社と利害関係のある人たち

Check! 1章のまとめ ………………………………………… 26

2章 超ざっくり! 決算書全体と会計の話

2-1 これが決算書の中身! ………………………………… 28
イメージで決算書をとらえる! / 会社の運動成果がわかる損益計算書 / 会

社の健康状態がわかる貸借対照表 / 会社の血流がわかるキャッシュフロー計算書

2-2　そもそも会計って何? ……………………………… 34
4つの基本ルールさえ知っていればOK! / ルール1　会計では永遠を切り取る! / ルール2　会計では現金を追わない! / ルール3　会計では収益と費用を結びつける! / ルール4　会計では会社を2つの目で見る!

Check!　2章のまとめ ………………………………………… 40

3章　ゼロから! 損益計算書の話

3-1　損益計算書で何がわかる? ……………………………… 42
会社のムダがどこにあるのかわかる!

3-2　損益計算書のしくみ ……………………………………… 44
利益はひとつだけではない! / ①商品を作った段階の利益を表す「売上総利益」/ ②本業での儲けがわかる「営業利益」/ ③ふだんの経営での儲けがわかる「経常利益」/ ④予想外のできごとがわかる「税引前当期純利益」/ ⑤1年の最終的な儲けがわかる「当期純利益」/ なんで利益はいくつもあるの?

はみ出しコラム：売上原価の求め方 ……………………………… 47
　　　　　　　：なぜビールのCMはなくならない? ……………… 49

3-3　損益計算書は、費用で見る! ……………………………… 54
費用は売上についてまわる影法師? / 人件費は給料だけじゃない!?［ヒトにかかる費用］/ 電気をつけるだけで費用が!?［モノにかかる費用］/ カネにもお金がかかる［カネにかかる費用］/「直接費と間接費」というもうひとつの視点

はみ出しコラム：やわらか〜い「変動費」、かたい「固定費」……… 58

Check!　3章のまとめ ………………………………………… 60

4章 ゼロから！貸借対照表の話

4-1　貸借対照表で何がわかる？　………………………… 62
　　　貸借対照表は会社の健診データ

4-2　貸借対照表のしくみ　……………………………………… 64
　　　左側は会社の財産、右側はそのお金の出どころ／左右の合計金額が一致する！／資産と負債は、流動性の高い順に上から並んでいる／会社にも筋肉と脂肪がある!?／人も会社も「身体が資本」？
　　　はみ出しコラム：人も会社も、脂肪はいらない？……………………… 69
　　　　　　　　　　：貸借対照表　俯瞰図!………………………………… 71

4-3　3つの部　①資産の部　…………………………………… 72
　　　すぐ現金にできる流動資産／すぐにはお金に換えられない、固定資産

4-4　3つの部　②負債の部　…………………………………… 76
　　　集めたお金のうち、返済義務があるのが負債／返済期限が1年以内の流動負債／1年を超えたあとに返せばいい固定負債
　　　はみ出しコラム：なんで、流動と固定に分けるの？…………………… 79

4-5　3つの部　③純資産の部　………………………………… 80
　　　大切なのは、株主資本!

Check!　4章のまとめ ……………………………………………… 82

5章 ゼロから！キャッシュフロー計算書の話

5-1　キャッシュフロー計算書で何がわかる？　………… 84
　　　なんでキャッシュフロー計算書が必要なの？

5-2　C／Sでしかわからないこと　………………………… 86
　　　どうやって現金が増減したかがわかる！／ズレ① 思いのほか手元に現金がない!?／ズレ② 思いのほか手元にお金があった！

5-3　キャッシュフロー計算書のしくみ …………… 90
血流チェックには"3つの視点"がある! / 事業から現金を得ているかを調べる「営業ＣＦ(キャッシュフロー)」 / どれだけ投資しているかを見る「投資ＣＦ(キャッシュフロー)」 / お金の貸し借りのようすを見る「財務ＣＦ(キャッシュフロー)」

Check!　5章のまとめ ……………………………………… 96

6章　分析! 収益性の話 ～儲ける会社は、ココが違う!～

6-1　決算書の分析でアレもコレもわかる! ………… 98
分析のための3つの視点 / 分析に必要な3Dメガネをかけよう / 分析で使うのはこの4つだけ!

6-2　収益性 まずはココを見る! ……………… 102
そもそも収益性って何? / 喫茶店と雑貨店、どっちが儲かる? / 大切なのは営業利益率! / 売上のカラクリ

　はみ出しコラム：営業利益率はどれくらいあればいいの? …………… 106

6-3　投資のプロはココを見ている! ……………… 108
資産を上手に使えたかを見る「総資産利益率」 / 自己資本の使い方を見る「自己資本利益率」 / 「総資産回転率」で資産の効率活用度をチェック! / 総資産利益率は万能選手!

6-4　なぜうちの会社の給与は低い? ……………… 114
決算書を通して給与を見る / 付加価値の高い仕事、してますか? / 付加価値の高い仕事が報われない? / 同業者、給与対決!

6-5　喫茶店と雑貨店、利益はどっちが安定してる? 120
なぜ利益は売上以上に変動する? / 固定費が大きいとハイリスク・ハイリターンに! / トヨタが59年ぶりの赤字になった理由(ワケ) / 販管費はすぐには減らしにくい

Check!　6章のまとめ …………………………………… 128

7章 分析! 安全性の話 〜危ない会社は、ココがヤバイ!〜

7-1 なんで会社は倒産するの?·················130
会社は大きいほど安全か? / 健康な会社と不健康な会社の違い / 安全性分析はまさに健康診断! / 会社が倒産する理由(ワケ)

7-2 安全性はココを見る!·····················134
たった2ステップでわかる安全性! / 貸借対照表のバランスを見る 〜上下編〜 / 貸借対照表のバランスを見る 〜左右編〜 / 貸借対照表に異変があればキャッシュフローをチェック / キャッシュフローでわかる不健康な会社のパターン

7-3 借金は、ないほうがいい?·················142
「借金=悪」はホント? / 借入金は装着ロボット!? / 「リスク=危険」ではない!

　　　はみ出しコラム:銀行が貸したいのはこんな会社·················146

7-4 "倒産直前!?"の危ない決算書に迫る!···········148
こんな会社は瀕死の重体 / あの巨大企業はなぜ倒産した!? / 破綻寸前のキャッシュフロー

7-5 「黒字倒産」のしくみ····················154
1年後の1億円より今すぐ欲しい1000万円 / ケース① 資産を増やしすぎてつぶれた会社 / 恐怖! 巨額な棚卸資産に潜む闇 / ケース② 粉飾決算で上場した会社 / 恐怖! 巨額な売掛金 / 無理な化粧ははがれる!

Check! 7章のまとめ··························162

8章 分析! 成長性の話 〜伸びる会社は、ココが違う!〜

8-1 会社の成長ってどういうこと?···············164
会社の成長と人の成長はソックリ!

8-2　成長性はココを見る! ……………………………… 166
成長性分析の3ステップ!

8-3　図解!　会社が大きくなるしくみ ………………… 168
会社が大きくなる ＝ 貸借対照表が大きくなる／会社は負債で成長速度を上げられる!／他人を吸収して成長するパターン

8-4　超重要!　成長した"理由(ワケ)" ……………………… 172
数字より大切⁉　「成長の原因」を探れ!／ソニーは薄型テレビで、なぜ出遅れた?／前年比150％のダメな会社、90％のいい会社?

8-5　あの企業の"成長期"の決算書に迫る! ……… 176
ユニクロ、縮む市場で成長できた理由／ＦＲ(ファーストリテイリング)社に見る「健全な成長パターン」／ソフトバンク、身の丈1.5倍の巨額買収／ＳＢ(ソフトバンク)社、急成長の裏にあった巨大負債

Check!　8章のまとめ ……………………………………… 186

9章　決算書から会社のホントの姿を見る!

9-1　会社の真の姿に迫る! ……………………………… 188
決算書ににじみ出る会社のホントの姿／ケース①　家電? 金融? ソニーはいったい何屋さん?／ケース②　真似して儲ける沢井製薬／ケース③　真似せず儲けるモスバーガー／ケース④　資生堂は何を売っている?

特集 IFRS（国際会計基準）超入門!　~知っておきたい3つの変更点~ …… 199
おわりに ……………………………………………………… 204
さくいん ……………………………………………………… 206

カバーデザイン／萩原弦一郎（デジカル）　　カバーイラスト／内藤あや
デザイン・DTP／デジカル・デザイン室　　　本文イラスト／ハヤシフミカ、内藤あや
編集協力／ノマディック　　　　　　　　　　校正／新山耕作

これが実際の決算書！今は難しそうでも、本を読み終える頃にはわかるようになるよ

掲載協力：株式会社 伊藤園（第45期決算書より）

損益計算書(P/L)

(単位:百万円、単位未満切り捨て)

	前期	当期
売上高	332,847	332,984
売上原価	168,994	169,590
売上総利益	163,852	163,393
販売費及び一般管理費	153,239	150,940
営業利益	10,613	12,453
営業外収益		
受取利息	53	23
受取配当金	43	41
受取賃貸料	61	48
受取補償金	78	―
破損製品等賠償金	―	50
持分法による投資利益	73	51
その他	199	187
営業外収益合計	510	402
営業外費用		
支払利息	346	785
為替差損	125	98
リース解約損	44	33
その他	230	258
営業外費用合計	746	1,176
経常利益	10,376	11,679
特別利益		
固定資産売却益	―	2
固定資産受贈益	109	2
投資有価証券売却益	3	―
特別利益合計	112	4
特別損失		
固定資産廃棄損	111	95
投資有価証券売却損	3	―
投資有価証券評価損	249	21
減損損失	296	188
災害による損失	―	80
子会社整理損	―	122
その他	48	2
特別損失合計	709	510
税金等調整前当期純利益	9,778	11,173
法人税、住民税及び事業税	4,596	5,829
法人税等調整額	344	△686
法人税等合計	4,940	5,143
少数株主利益	72	33
当期純利益	4,765	5,996

＊―は該当なし、△はマイナスを表します。また細かい項目名は会社によって異なります

貸借対照表 (B/S: 資産の部)

(単位：百万円、単位未満切り捨て)

	前期	当期
資産の部		
流動資産		
現金及び預金	14,334	18,795
受取手形及び売掛金	28,617	34,446
商品及び製品	15,515	16,072
原材料及び貯蔵品	8,884	7,127
未収入金	8,391	7,992
繰延税金資産	1,603	1,989
その他	1,401	2,084
貸倒引当金	△123	△125
流動資産合計	78,624	88,402
固定資産		
有形固定資産		
建物及び構築物	28,922	28,942
減価償却累計額	△13,330	△14,222
建物及び構築物（純額）	15,592	14,720
機械装置及び運搬具	6,732	7,999
減価償却累計額	△3,688	△4,461
機械装置及び運搬具（純額）	3,043	3,538
工具、器具及び備品	2,990	2,991
減価償却累計額	△2,072	△2,293
工具、器具及び備品（純額）	917	697
土地	14,061	13,941
リース資産	14,114	24,967
減価償却累計額	△1,575	△5,264
リース資産（純額）	12,539	19,702
建設仮勘定	72	209
有形固定資産合計	46,226	52,810
無形固定資産		
のれん	14,065	13,944
リース資産	166	144
ソフトウエア	1,358	7,465
ソフトウエア仮勘定	5,056	—
その他	2,655	2,404
無形固定資産合計	23,303	23,959
投資その他の資産		
投資有価証券	2,941	4,441
繰延税金資産	984	1,194
その他	9,076	9,319
貸倒引当金	△353	△280
投資その他の資産合計	12,649	14,674
固定資産合計	82,178	91,444
資産合計	160,803	179,846

貸借対照表 (B/S: 負債・純資産の部)

	前期	当期
負債の部		
流動負債		
買掛金	22,921	25,083
短期借入金	—	310
リース債務	2,796	5,116
未払費用	12,382	14,243
未払法人税等	1,354	3,532
賞与引当金	2,565	2,573
その他	1,732	1,681
流動負債合計	43,750	52,541
固定負債		
長期借入金	—	3,457
リース債務	10,832	16,554
再評価に係る繰延税金負債	1,020	976
退職給付引当金	3,679	4,268
その他	1,531	1,593
固定負債合計	17,064	26,849
負債合計	60,814	79,390
純資産の部		
株主資本		
資本金	19,912	19,912
資本剰余金	20,259	20,259
利益剰余金	72,141	73,095
自己株式	△4,876	△5,348
株主資本合計	107,435	107,917
評価・換算差額等		
その他有価証券評価差額金	270	329
繰延ヘッジ損益	△23	41
土地再評価差額金	△6,196	△6,260
為替換算調整勘定	△1,658	△1,712
評価・換算差額等合計	△7,607	△7,601
新株予約権	14	11
少数株主持分	146	128
純資産合計	99,989	100,455
負債純資産合計	160,803	179,846

＊—は該当なし、△はマイナスを表します。また細かい項目名は会社によって異なります

キャッシュフロー計算書（C/S）

(単位：百万円、単位未満切り捨て)

	前期	当期
営業活動によるキャッシュ・フロー		
税金等調整前当期純利益	9,778	11,173
減価償却費	4,287	7,034
減損損失	296	188
のれん償却額	901	939
貸倒引当金の増減額（△は減少）	16	△46
賞与引当金の増減額（△は減少）	△109	8
退職給付引当金の増減額（△は減少）	476	588
受取利息及び受取配当金	△96	△65
支払利息	346	785
為替差損益（△は益）	6	25
投資有価証券評価損益（△は益）	249	21
投資有価証券売却損益（△は益）	0	—
売上債権の増減額（△は増加）	△570	△5,879
たな卸資産の増減額（△は増加）	△540	1,156
その他の流動資産の増減額（△は増加）	△602	△318
その他の固定資産の増減額（△は増加）	15	△157
仕入債務の増減額（△は減少）	△1,498	2,193
未払消費税等の増減額（△は減少）	411	1,576
その他の流動負債の増減額（△は減少）	△848	1,971
その他	△239	443
小計	12,282	21,641
利息及び配当金の受取額	101	70
利息の支払額	△346	△788
法人税等の支払額	△6,687	△3,731
営業活動によるキャッシュ・フロー	5,350	17,191
投資活動によるキャッシュ・フロー		
投資有価証券の取得による支出	△12	△1,441
投資有価証券の売却による収入	21	—
有形及び無形固定資産の取得による支出	△6,006	△4,470
長期前払費用の取得による支出	△230	△46
関連会社株式の取得による支出	△540	△902
投資その他の資産の増減額（△は増加）	△454	290
投資活動によるキャッシュ・フロー	△7,222	△6,569
財務活動によるキャッシュ・フロー		
長期借入れによる収入	—	3,932
長期借入金の返済による支出	—	△165
自己株式の取得による支出	△12	△502
自己株式の処分による収入	6	2
ファイナンス・リース債務の返済による支出	△1,543	△3,975
配当金の支払額	△5,060	△5,063
少数株主への配当金の支払額	—	△52
その他の支出	△6	△5
財務活動によるキャッシュ・フロー	△6,615	△5,830
現金及び現金同等物に係る換算差額	△74	15
現金及び現金同等物の増減額（△は減少）	△8,560	4,807
現金及び現金同等物の期首残高	22,549	13,988
現金及び現金同等物の期末残高	13,988	18,795

＊—は該当なし、△はマイナスを表します。また細かい項目名は会社によって異なります

基礎の基礎!
決算書超入門

基礎編

1

1-1 そもそも決算書って何?

ズバリ、会社の成績表!

決算書には会社の1年の記録がびっしり!

- 決算書を読めば、会社の1年間の活動がわかる
- 同時に、会社の体調もわかる
- 「本決算」は1年の総括。「中間決算」は途中の報告

1年の「成果」と今の「体調」がわかるもの

決算書とは、一言でいえば会社版「成績表」です。

あなたも学生のときに、学期ごとに、できた科目、できない科目を示した通知表をもらったでしょう。その会社版です。

世の中には、たくさんの会社がありますが、どの会社にも共通するのは、お金を稼ぐこと。そのためにさまざまな活動をします。決算書は、その会社が1年間何をして、どれだけ成果をあげて、今どんな様子なのかを伝えるものです。

ある期間の儲けや財産をまとめることを決算といいます。

あなたの会社にも年に1回、決算日があるでしょう。

会議で「今月は決算月だから頑張るように」といわれたことはありませんか？ 試験前の追い込みに似ていますね。決算月とは、1年の区切りの月。会社によって違いますが、日本では多くの場合、4月1日から翌年の3月31日をひとつの期間とし、3月を決算月としています。

なお、この期間を決算期といい、その初日を期首、最終日を期末といいます。学校の始業式と終業式に近いイメージですが、春休みはなくきっちり1年間です。

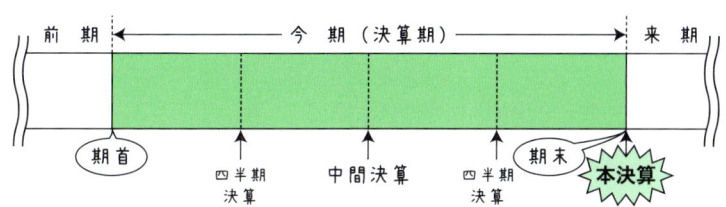

決算には中間テストに似た中間決算と四半期決算もある

1-2 なんで決算書が必要?

会社の調子のよしあしをチェックするため!

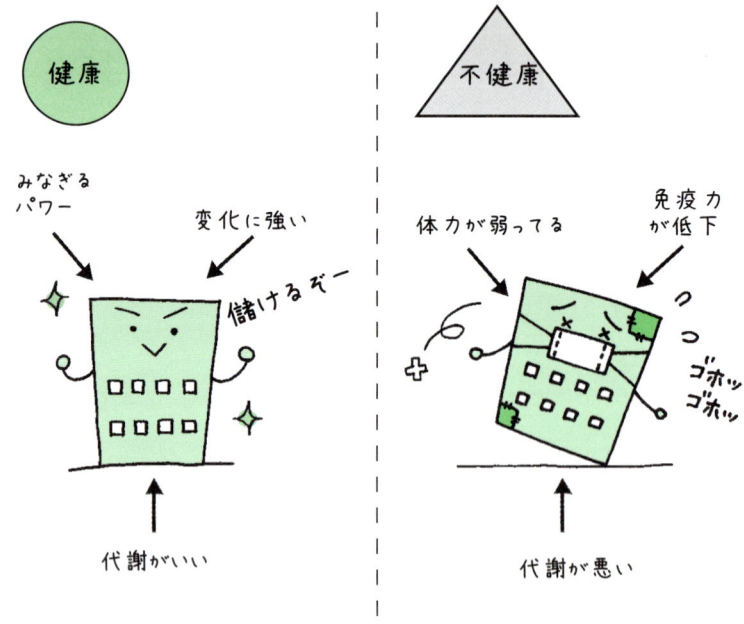

会社はいつも調子がいいわけではない……

- 会社にも人のように体調のよしあしがある
- 決算書では、会社の健康状態や1年の成果が数字で明確に示されている

会社にも健康・不健康がある

ところで、なぜ年に1度決算が必要なのでしょう。「なにも、毎年やらなくても…」と思う方もいるかもしれません。

しかし、学校での通知表を思い出してください。一生懸命勉強や運動をしても、この1年どういう結果や成果をあげられたのかわからなければ、今の自分がいいのか悪いのかわかりません。

会社も同じです。今年1年、儲かったのかどうかわからなければ、今後どうすればいいのか考えられません。

それに、会社はいつもいい結果を出せるわけではありません。

世の中の景気が悪くなるのは、風邪が流行るのに似ています。元気な人もたまには風邪をひくでしょう。**会社も同じで、つねに体調がいいわけではありません。**

しかし、たんなる風邪などではなく重い病気ならどうでしょう。放っておいたら命にかかわりますね。そうならないために、学校でも会社でも健康診断があります。**年に1回決算をすることは、会社の健康状態を把握することでもあるのです。**

決算書には、数字がズラッと並んでいます。はじめは「うわっ」と思うかもしれません。しかし、通知表も健康診断も大事な結果は数字で書かれていますよね。「今年はまあまあよくできました」などと書かれても、どこがいいのかさっぱりわかりません。

ポイントさえつかめば、誰でも決算書から会社の状態が読み取れるので、安心してください。

1-3 決算書は誰がなんのために読む?

会社にかかわる人たちが自分のために読む!

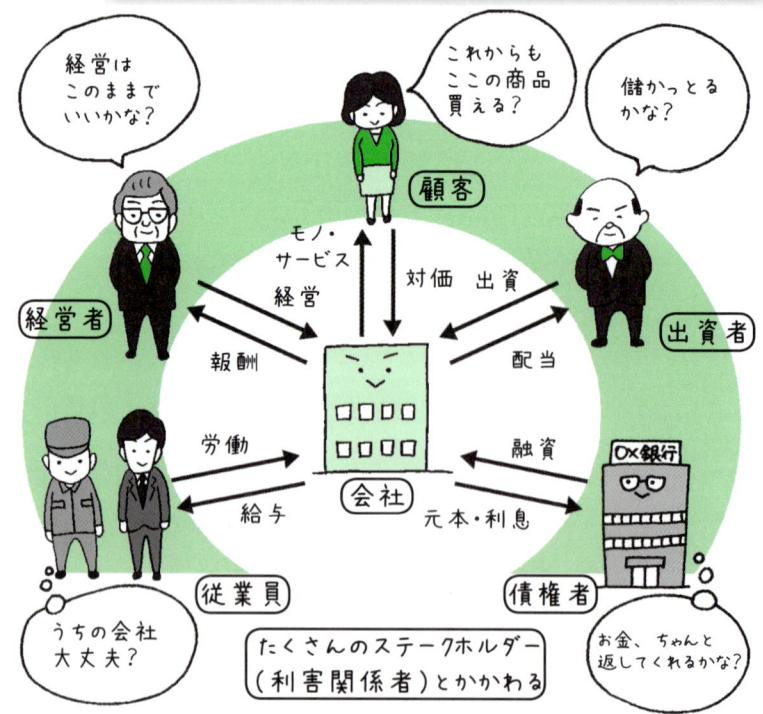

ポイント
- 会社はいろんな人とかかわっていて、それぞれに利害関係がある
- 決算書は、彼らに正しく会社の情報を伝えるもの

会社と利害関係のある人たち

　決算書がなんのためにあるのかわかりましたね。では、誰が読むのでしょう。もちろん社長や経営者は読むでしょう。
　しかし、それだけではありません。**会社は、多くの人と利害関係があり、その人たちも決算書を読むのです。**

　たとえば、会社を作ろうと思ったらお金が必要です。そのお金はどこから集めますか？　まずは、自分の貯金ですね。
　そのあとはどうでしょう。家族や友人から借りますか？　小さなお店を始めるなら、それで十分かもしれませんが、オフィスを借り、デスクやパソコンなど必要な設備をそろえ、人を雇おうと思ったらそれだけでは足りません。そんなときは、銀行からお金を借りますね。銀行としては、お金を貸した会社が儲けて、利息をつけて返してくれれば儲かりますが、つぶれた日には大損です。
　また会社は、会社を作る際、**株式会社**にしてお金を集める方法もあります。株式会社は、お金を出してくれる人（**出資者**）を募り、お金と引換えに**株**を渡します。出資者は、持っている株数に応じて、会社の儲けを分けてもらえます。これを**配当**といいますが、会社がしっかり儲けなければもらえません。
　債権者や出資者だけでなく、お金の貸し借りがない従業員も、本当は自分の会社や取引先の決算書は読めたほうがいいのです。業績不振で突然、給与が支払われなくなったり、会社が倒産したりするかもしれません。**会社の数字を知らないのは、暗闇を歩くようなものだからです。**

1章のまとめ

・決算書は「その会社がどんな成果をあげたか」「今どんな様子なのか」などを伝える書類
・会社にも人と同じように体調のよしあしがある。決算書にはその会社の体調がさまざまな数字で記される
・決算書は、経営者、債権者、出資者だけでなく従業員など、会社と利害関係のある人は読めたほうがいい

覚えておきたい言葉

決算	ある期間の儲けや財産をまとめること。日本では、4月1日～翌年の3月31日をひとつの期間にしている会社が多い。この期間を決算期といい、初日を期首、最終日を期末という。
株 （株式）	会社がお金を集めるために発行するもの。株を持っている人は、会社の儲けの一部（配当）を受け取ったり、会社の重要案件に賛成・反対をできる権利を持っている。
出資者	会社にお金を出している人。株を持っている出資者のことを株主ともいう。
債権者	会社にお金を貸すなどして、返してもらうことになっている人。会社は、株で集めたお金を返さなくてもよいが、債権者のお金は返さなければならない。
利害関係者 （ステークホルダー）	会社と関係のある多くの人たち。経営者、従業員、出資者、債権者、顧客、取引先など。

2

超ざっくり！
決算書全体と
会計の話
基礎編

2-1 これが決算書の中身!

> そうだったのか！　メインは、「運動成績表」「健康診断表」「血流検査表」の3つ

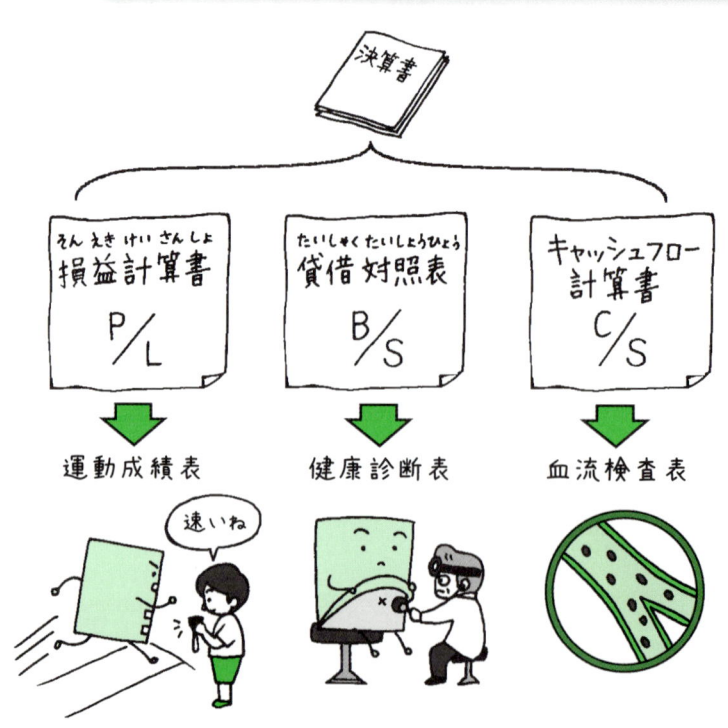

ポイント
- ほかにもたくさんの資料があるが、上図の3つが大事
- 言葉の定義より、まずイメージを持つことで理解できる

イメージで決算書をとらえる！

1章で決算書は会社の成績表といいました。しかし実際には、決算書という名のひとつの資料があるわけではありません。いくつもの書類を総称して決算書（**財務諸表**とも）といいます。

では「その全部の書類をマスターしなければならないの？」というとそうではありません。**経理など専門で使う人以外は、見るべき資料は絞れます。それが次の3つです**（**財務3表**といいます*1）。

①**損益計算書**（Profit and Loss Statement *2 略して **P/L**）
②**貸借対照表**（Balance Sheet　略して **B/S**）
③**キャッシュフロー計算書**（Cash Flow Statement　略して **C/S**）

本書の基礎編（3〜5章）でも、この3表を見ていきます。

決算書を扱った本には、「損益計算書とは、一営業期間における収益を照らし合わせて表示し…」などと、難しく書かれていることが多く、いきなり嫌になりますね。**用語の定義を覚えるより、まずはイメージをつかむほうがよっぽど大切です。**

この3つをわかりやすくたとえると、以下になります。

①損益計算書　→　運動成果を測る「会社の運動成績表」
②貸借対照表　→　健康状態がわかる「会社の健康診断表」
③キャッシュフロー計算書　→　血流を見る「会社の血流検査表」

2章では、この3表について、ざっくり見ていきましょう。

*1 財務3表以外には、株主の財産の変化を見る「株主資本等変動計算書」やほかの決算書を補足説明する「附属明細書」などがあります
*2 米国では、Income Statement が一般的

会社の運動成果がわかる損益計算書

　陸上選手とふつうの人が走るところをイメージしてください。身体を鍛えた陸上選手が軽やかに走るのに対し、ふつうの人は必死に手足を動かす割に進みません。これは、ムダな動きが多いからです。そのため、仮に2人が同じだけ手足を動かしても（運動量が同じでも）、進んだ距離に差が出ます。

　この「どれだけ手足を動かして（運動量）、どれだけ進めたか（成果）」「ムダな動きはどこか」を考えるのが、損益計算書です。

　p15に損益計算書のサンプルを載せました。数字がズラッと並んでいるので、見慣れないとクラクラしますが、基本は「収益（売上）」「費用」「利益」で会社の儲けを表す成績表です。

　大雑把にいえば、収益とは会社に入ってくるお金。費用とは出ていくお金、利益とは収益から費用を引いたお金です*。

　収益・費用・利益にはいくつか種類があるので、実際の決算書では数字がたくさん並びますが、構造はとてもシンプルです。

```
収益（売上）     －     費用     ＝     利益
(手足を動かした運動量)   (ムダな動き)    (成果、進めた距離)
```

030　＊収益のうち、商品などを売ることで入ってきたお金をとくに売上といいます。また厳密には、収益と費用は、会社に出入りするすべてのお金ではありません。た

会社の健康状態がわかる貸借対照表

損益計算書では、会社の1年間の運動量と成果、そしてムダな動きがわかりました。しかし、運動している当の本人の、身体のなかや健康状態まではわかりません。

先ほどの2人が、同じ身長・体重だったとしましょう。

それなのに運動成果に差が出ました。原因は、ふつうの人にはムダな動きが多いからでしたね。ではなぜ、動きに違いが出るのでしょう。それは、2人の身体の中身がまったく違うからです。

ふだんからトレーニングしている選手には強い筋肉が、一方ふつうの人には余分な脂肪がたくさんついています。

あとで詳しく説明しますが、会社にも筋肉や脂肪があるのです。貸借対照表では、こういった会社の体つきを見ます。

それと同時に、この身体を支える力もチェックします。強い筋肉を支えるには、しっかりした骨格が必要ですね。

身体を支える太い骨や基礎体力がちゃんとあり、健康な身体を維持できるか、そこまで見るのです。

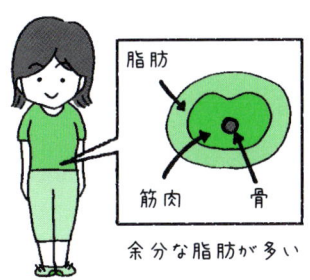
余分な脂肪が多い

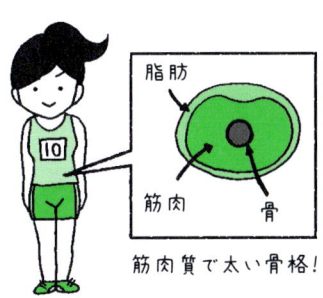
筋肉質で太い骨格!

とえば、銀行からお金をいくら借りても、収益にはなりません。逆に、借金をいくら返済しても費用にはなりません

具体的にはこれを「**資産**」「**負債**」「**純資産**」で表します。

簡単にいえば、**資産とは会社の財産。負債と純資産は財産を買うために集めたお金で、負債が「銀行などに借りたお金」、純資産が「返さなくていいお金」**と覚えておけばよいでしょう。

人にとって、身体は立派な財産ですね。会社の財産である資産は、人の身体（筋肉や脂肪）のようなものです。一方、その財産を支える元手は、身体を支える基礎体力や骨格です。

財産と元手は等しくなるので、貸借対照表の基本はこうです。

資産（会社の財産） ＝ **負債**（借金） ＋ **純資産**（返さなくていいお金）
（身体…筋肉や脂肪）　　　　　（身体を支える力）

会社の血流がわかるキャッシュフロー計算書

人が健康に過ごすには、体じゅうに栄養や酸素を送らなければなりません。それには、十分な血流が必要です。日ごろだらしなく生活していれば、血液がドロドロになり、血の巡りが悪くなります。そんな状態で急激な運動をすれば、倒れかねません。

会社にも血流があります。会社にとって大事な流れとは、そう、お金の流れです。キャッシュフロー計算書では「会社の血流」、つまり現金（キャッシュ）の流れ（フロー）を見ます。

以前は、キャッシュフロー計算書の作成義務はありませんでした。会社の運動成果や体調がわかればよかったのです。しかし、人にとって血流は命にかかわる重要なこと。それは会社も同じなので、今では上場企業には先の2つと同様、提出義務があります。

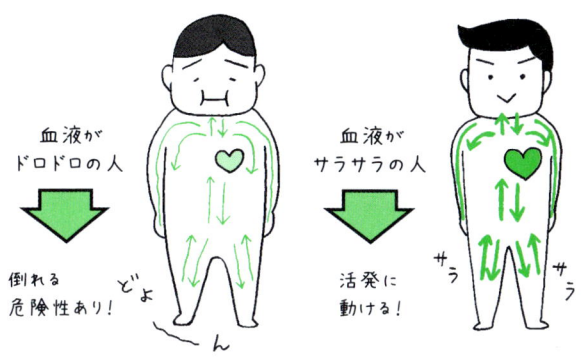

　会社は、ふだんの活動のなかで、商品を仕入れ、売り上げや儲けを出す一連の「営業活動」をしています。また事業を大きくするために「投資活動」をします。さらに、お金が足りなければ銀行に借りるような「財務活動」もします。**この3つの視点で、1年間の現金の出入りを見るのが、キャッシュフロー計算書です。**

　現金の出入りというと、損益計算書の収益と費用に似ている気もしますが、別物です。会計独特の考え方をするので、詳しくは5章で説明します。ここでは「キャッシュフロー計算書は、会社にとって大事な血流を見る」までイメージできればOKです。

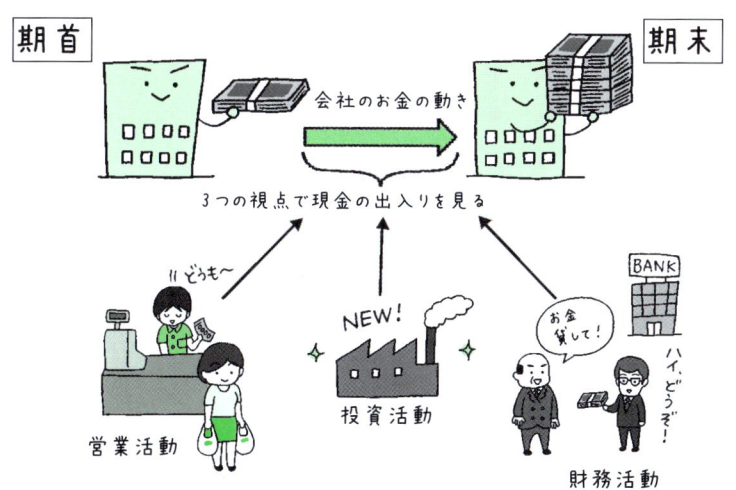

2 そもそも会計って何?

会社の活動を数字化するときのルール!

- 決算書は「会計ルール」に基づいて作られている
- まずは、4つの基本ルールがわかればOK

4つの基本ルールさえ知っていればOK！

　3章から、実際に決算書の中身を見ていきますが、その前に知っておかなければならないことがあります。
　それが「**会計**」です。
会計とは、一言でいえば「会社の様子を数字で伝えるときのルール」。1年間の活動をまとめる際も、このルールに基づきます。

　「いちいちルールを覚えなくちゃいけないの？」と思うかもしれません。しかし、ルールがないとどうでしょう。

　たとえば全国一斉で英語の学力テストがあったとします。A校ではテストの結果を点数で出しました。一方、隣のB校は偏差値で成績を示しました。これではA校とB校の生徒を比較できません。ルールがないと結果を正しく判断できないのです。
　決算書も同じで、会社によってバラバラなルールで作られては意味がありません。そのため、まずルールを知る必要があるのです。

　とはいえ会計のルールはとても細かく、それだけで1冊の本になるほどなのに、そのほとんどは経理にたずさわる人でもなければ必要ありません。
　そこで本書では**「決算書を読むのにこれだけ知っておけば十分」な4つのルールを見ていきます。**

> ルール1　会計では永遠を切り取る！

　会社は人と似ていますが、大きく違う点があります。それは、会社には本来寿命がないことです。**「会社は自ら解散しない限り、永続する」という前提があるのです**（これを**ゴーイング・コンサーン**といいます）。

　だからといって、解散するまで会社の成果や健康状態がわからなければ経営者はもちろん、従業員も投資家も債権者もみんな困ります。会社には寿命がないとはいえ、実際は倒産により命がつきることもあるからです。

　そこで会計のルールでは、継続する活動を（通常）1年に区切るのです。年1回受ける健康診断のようなものですね。

ルール2　会計では現金を追わない!

あなたが「儲け」という言葉を使うとき、ほとんどは「お金を得る」の意味で使うでしょう。しかし会計の世界では少し違います。

儲けについて考えるには、まず何をもって「売上」とするかを知る必要があります。ところである会社が商品を売ったとき、どの時点で売上になるのでしょう。契約をかわしたとき？　納品時？　代金をもらったとき？　…

このタイミングについてもルールがあります。

答えは商品を渡したとき、つまり納品時です。**会計の世界では、商品（モノ）を届けた時点で売り手はお金をもらえる「権利」が、逆に買い手は支払う「義務」が生じたと考える**からです。会社間の取引では、先に商品を渡して、あとでまとめて代金をもらうのが一般的。商品を渡すたびに代金を支払っていては面倒ですよね。だから、とりあえずツケにしておき、あとでお金をもらうのです。

このように、現金を得るのでなく「モノの価値が動いた時点で、売上が発生する」と考えることを発生主義*といいます。

発生主義とは

A社　売上発生　→　モノの価値が移動　お届け　→　B社「代金は来月払いまーす」　現金の動きは関係ない!

＊実際の現金のやりとりに着目した「現金主義」もありますが、本書では一般的に使われている発生主義で話を進めます

ルール3　会計では収益と費用を結びつける！

　会社は日々の活動で、モノやサービスを売り収益が立つ一方で、材料代などの費用が発生します。このとき**会計では、ある収益のために使った費用はどれかを考え、できるだけ対応させます**。

　例で説明しましょう。

　たとえばパン屋さんが小麦粉と塩とオーブンを買い、このうち小麦粉とオーブンだけを使ってパンを作りました。このとき、パンの売上に対応する費用は、小麦粉とオーブンになります。使わなかった塩は費用になりません。これが「収益（売上）と費用を対応させる」の基本です（**収益費用対応の原則**）。

　さらにいうと、小麦粉を使い切らなかったり、パンが売れ残ったりすることもあります。この場合、買ってきた小麦粉代すべてが費用になるのではなく、実際に売れたパンに使った分の小麦粉だけが、費用になります（→ p 47）。

　また、オーブンは一度買えば何年も使えるので、数年に分けて費用にします（→ p 89、減価償却費）。ここまで**売上と費用を厳密にマッチングさせるのは、この差額である利益を適切に把握しようとする会計の目的があるからです**。

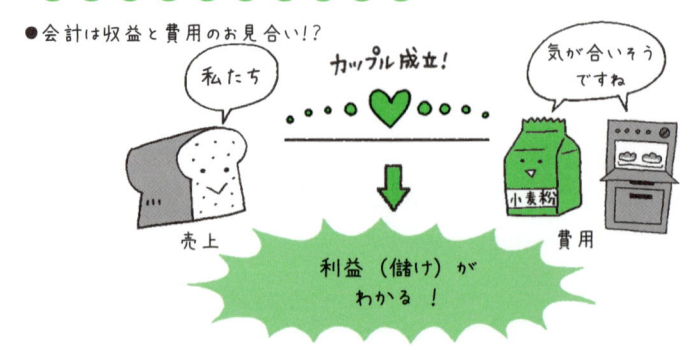

● 会計は収益と費用のお見合い！？

売上　カップル成立！　費用
私たち　　　　　　　気が合いそうですね
　　　　　　小麦粉
利益（儲け）がわかる！

ルール4　会計では会社を2つの目で見る！

　人は片方の目だけでは、ものを平面的にしか見られません。2つの目で見て、はじめて立体的にとらえられるのです。

　会計の目はまさに複眼的。会社の活動を、2つの面から見ます。

　たとえば、ある会社が新社屋を建てたとしましょう。ふつうは完成したビルしか見えません。しかし、ビルを建てる（買う）にはお金が必要ですね。会計の目では、ビルの建設費をどこから集めたのか（自分のお金？　または借金？）まで見えるのです。

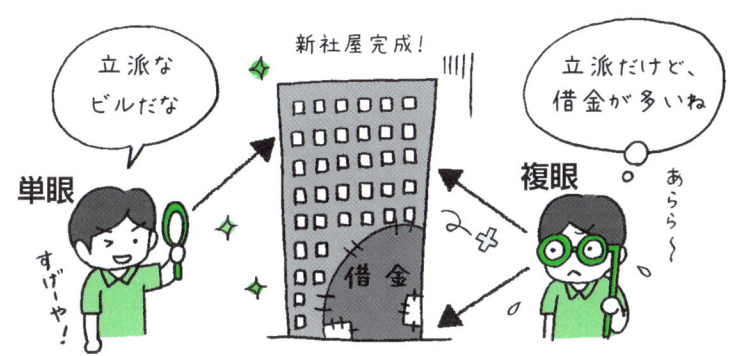

　また、大切な日々の「仕入れ活動」。これも単眼だと「商品在庫が増えた」ことにしか気づきませんが、複眼的に見ればその裏にある「（仕入れに使った）現金の減少」まで確認できます。

　このように**「取引の二面性に着目し、複眼的発想で帳簿に記すこと」**を**複式簿記**といい、決算書もこの複式簿記に基づいて作られます。会計を学ぶにあたり、この複式簿記の考え方はとても重要ですが、会社の数字を読むのには大枠をとらえるほうが大切。「会計では会社を複眼的に見る」がイメージできれば大丈夫です。

Check!

2章のまとめ

・決算書の書類のなかでとくに重要なのは「損益計算書」「貸借対照表」「キャッシュフロー計算書」の財務3表
・損益計算書は会社の活動の成果を、貸借対照表は会社の財産と元手を、キャッシュフロー計算書は会社の現金の出入りを示す
・決算書は「会計」という、会社の様子を伝えるためのルールに基づいて作られている

覚えておきたい言葉

収益（売上）	会社に入ってくるお金（価値）。商品やサービスを売ることで入ってきたお金を、とくに「売上」という。
費用	会社から出ていくお金（価値）。収益をあげるには、必ず何らかの費用が必要になる。
利益	収益から費用を引いた残りのお金（価値）。いわゆる儲け。
資産	会社にある財産。現金はもちろん、会社の建物や土地、機械設備などをまとめた言葉。
負債	資産を手に入れるために、銀行などから借りたお金。将来、返さなければならない。
純資産	資産を手に入れるために、株を発行したり、社内に残しておいたりしたお金。将来、返さなくてよい。
ゴーイング・コンサーン	会社は自ら解散しない限り永遠に続いていく、という考え方。
発生主義	商品やサービスのやり取りが行われた時点で、収益や費用が生まれたと考える会計のルール。
収益費用対応の原則	収益と、それを手にするためにかかった費用を対応させる会計のルール。

ゼロから！
損益計算書の話
基礎編

3

3-1 損益計算書で何がわかる?

> **そうだったのか!** 会社の運動量とその成果、そしてムダな動きがわかる!

① スタート／いくぞ〜

② 運動量MAX! スタート!

③ 1分後… アレ、ぜんぜん進んでない… 運動成果… スイ〜 ムダな動きが多いからねー

ポイント
- 損益計算書は、「会社版運動成績表」
- どれだけ運動して(売上)、どれだけ成果(利益)が出たかを、その過程(費用)とともに示したもの

会社のムダがどこにあるのかわかる！

3～5章では、決算書の主役3つ（財務3表）を実際に見ていきます。

はじめは損益計算書です。イメージは運動成績表で（→p.29）、キーワードは収益（売上）、費用、利益でしたね。

みなさんは、ニュースで「○×株式会社の今期**売上**高は△△億円…」と報じられるのを見聞きしたことはありませんか。

また、会社や上司から「もっと**経費**を削減しなさい」といわれたことはありませんか。この場合の経費とは、活動にかかる費用でしょう。「経費削減せよ」の裏には「**費用**を減らし、**利益**を増やせ」があるはずです。

このように、**多くの人にとって会社の数字でもっとも身近なのは、損益計算書で扱う「収益（売上）」「費用」「利益」**でしょう。決算書のなかでも一番イメージしやすいかもしれません。

損益計算書でわかることを、一言でいうと「会社の儲け」です。
会社の収益（売上）からさまざまな費用を引いたあとで、最終的に利益がどれだけ出たかを示します（→p.30）。

「収益（売上） － 費用 ＝ 利益」が基本でしたね。いうなれば、**売上から利益までの道すじが描かれている**のです。

そのため**損益計算書を読み解けば、どの費用が利益を減らしているのかが、さらにいえば、会社のどこに改善の余地があるのかまで見えてくる**のです。

3-2 損益計算書のしくみ

> これが基本：「収益(売上) − 費用 ＝ 利益」を繰り返し、最終的な儲けを知る！

損益計算書（P/L）

- ＋ 売上高（商品を売って得たお金）
- △ 売上原価（商品を作ったり、仕入れたりするのにかかったお金）
- ＝ ① **売上総利益（粗利）** ― 商品を作った段階での儲け
- △ 販売費及び一般管理費（販管費）（商品を売るのにかかったお金）
- ＝ ② **営業利益** ― 本業での儲け 【重要】
- ＋ 営業外収益（受け取った利息など）
- △ 営業外費用（支払った利息や手数料など）
- ＝ ③ **経常利益** ― ふだんの経営活動での儲け
- ＋ 特別利益（土地や株を売って得たお金など）
- △ 特別損失（災害やリストラ*で失ったお金など）
- ＝ ④ **税引前当期純利益** ― その期に限って起きたことまで計算した儲け
- △ 法人税・住民税など
- ＝ ⑤ **当期純利益** ― 最終的な儲け

＊リストラのために割増退職金を用意したことなどによる損失

利益はひとつだけではない！

　実際の損益計算書には、たくさんの項目や数字が並びます（→p 15）。しかし**基本構造は、モノやサービスを売ったときに得られる「売上高」から、さまざまな費用を引いた最終的な利益である「当期純利益」までを計算するだけ***。とても単純です。

　ただ、一口に費用といっても種類はたくさん。モノを作る材料も費用なら、ふだん使うペンも費用。さらに借金の利息も費用です。そこでいくつかの種類に分け、途中段階での利益を出します。

　全部で5つの利益のイメージを大まかにつかむと理解しやすくなります。

① 売上高から、**作るため**のコストなどを引いた「**売上総利益**」
② 売上総利益から、**売るため**のコストを引いた「**営業利益**」
③ お金の貸し借りなど、財務活動まで加味した「**経常利益**」
④ 特別な収益や損失まで計算した「**税引前当期純利益**」
⑤ 最終的な「**当期純利益**」

　5つの利益のイメージはこんな感じです。

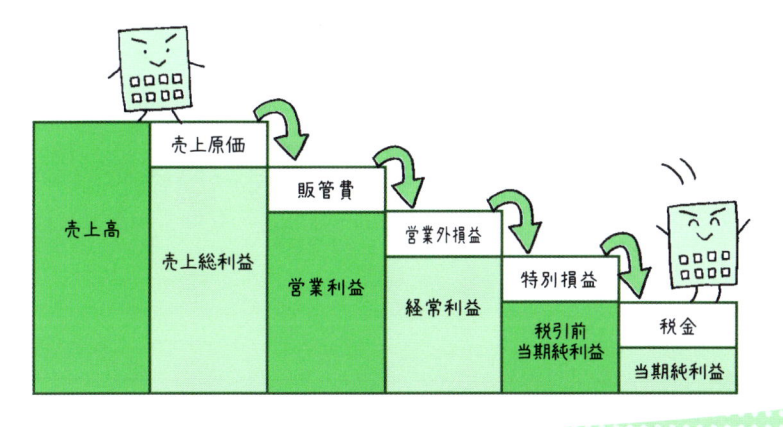

*わかりやすくするために省略しましたが、厳密には費用を引くだけでなく、左表のとおり売上以外の収益である営業外収益と特別利益を加えます

①商品を作った段階の利益を表す「売上総利益」

損益計算書の一番上に書かれているのが売上高です*。

売上高は、商品やサービスを売って得られるはじめの収益で、すべての利益のおおもとです。これがなくてははじまりません。

次にくるのが売上原価。売上のために直接使った費用です。

たとえばパンを作って売る会社なら、小麦粉などの材料代や工場でパンを焼く人たちの給与がそれにあたります。

そして、売上高から売上原価を引くとひとつ目の利益、「売上総利益」が出ます。「商品代 － 商品を作るのにかかったお金」と考えれば、作った段階での儲けといえます。

売上総利益は、一般的には「粗利(あらり)」と呼ばれているので、こちらのほうがなじみ深いかもしれませんね。

> 売上総利益（粗利） ＝ 売上高 － 売上原価

*損益計算書での正式な項目名は「売上」ではなく「売上高」です。ただし、本文の解説では基本的に「売上」を使います

● 売上原価の求め方

　ところで、あなたは「原価（売上原価の略）を下げろ！」などといわれたことはありませんか。製造業の方ならとくに。
　しかしこの売上原価は、会計独自の考え方をするので、算出が少しややこしいのです。パン屋さんを例に見てみましょう。

　パン屋さんの主な売上原価は材料費です。厳密にはほかにもありますが、ここではわかりやすくするため、小麦粉だけとします。
　パン屋さんの倉庫には、期首に10万円分の小麦粉がありました。前期の残り分です。期中に80万円分をさらに仕入れて、パンをどんどん作りました。しかし、ぜんぶは使い切れず、20万円分残ったとします。この場合、1年間の売上原価はいくらでしょう。
　2章で「会計では収益（売上）と費用を結びつける！」といいました（→p38）。1年間の売上に対応する費用だけが、原価になるのでしたね。**簡単にいえば、使った分だけが費用になります。**
　そのため、この年のパン屋さんの売上原価は、
　　10万円 ＋ 80万円 － 20万円 ＝ 70万円　となります。

売上原価（材料費）＝

期首の在庫	＋	期中の仕入額	－	期末の在庫
（棚卸資産）				（棚卸資産）

　なお、使わなかった分は在庫になります。これを会計用語では「**棚卸資産**」といいます。「**棚卸し**」という言葉は聞いたことがあるでしょう。定期的に在庫をチェックすることですね。この例からもわかるように、棚卸しをして在庫の量を確認しないと、その期の売上原価が出せない、つまり決算書が作れないのです。したがって、棚卸しの作業はとても重要なのです。

②本業での儲けがわかる「営業利益」

　商品を作ったり仕入れたりしても、それだけでは売れません。お客さんに買ってもらってはじめて、売上になります。

　そのために、営業部員が商品を売り込んだり、テレビCMを打ったりと、会社はさまざまな販促活動をします。これらには営業部員の給料や交通費、CM制作費など、お金がかかります。

　さらに、会社が活動を続けるには、オフィスも必要です。電話やパソコンもいるでしょう。営業部員だけでなく、総務や人事部の人たちも欠かせません。

　このような、**お客さんに商品を売るまでに、間接的にかかる費用をまとめて「販売費及び一般管理費（略して、販管費）」と呼びます。いわゆる「経費」ですね。**以下が、その主なものです。

主な販管費	内容
広告宣伝費	商品、サービスを宣伝するための広告やテレビCMなどの費用
通信費	電話代、郵送代、インターネット代など
給与（人件費）	社員に払う給料
減価償却費	固定資産の価値が減った分を費用としたもの（→p89）
貸借料	オフィスやサーバーなどを借りるための費用
研究開発費	新商品の開発や、商品の改良にかかった費用
消耗品費	筆記用具などの事務用品や、電球、ティッシュペーパーなどの備品の費用

営業利益は「売上総利益」から「販売費及び一般管理費」を引いた利益で、会社が**本来の事業から、どれだけ稼げているかを見る数字です。そのため、もっとも重要な利益といえます**[*]。

> 営業利益 ＝ 売上総利益 － 販売費及び一般管理費

● なぜビールのCMはなくならない？

じつはこの販管費からは、会社の思惑が読み取れるのです。

主な販売費のひとつに広告宣伝費があります。不況になると削減される経費の代表です。しかし、つねにテレビCMを打つ商品がいくつかあります。たとえばビールです。ビールはシェア争いの激しい商品。各社、お金を使ってでもトップブランドの地位を得たいのです。

こうした活動のウラには、「なんとしてもトップになりたい！」「この商品には期待している！」などの会社の思惑が見えます。

また、新商品を生み出すための研究開発費にも、会社の意思が見受けられます。「多少費用がかさんでも、将来の利益を期待する！」という会社の意気込みといえるからです。

このように、**会社がどこに経費（販管費）をかけているかには、会社の考えや思いが表れやすいのです。**

これまで、損益計算書をイメージしやすくするために「費用＝ムダな動き」にたとえました。しかし、この例からは「費用は、利益にたどり着くための通行料金またはハードルのような"抵抗"」といえるかもしれませんね。

---

[*]営業利益は、世界で採用が進むIFRS（国際会計基準→ p203）でも、必ず表示される重要な利益です

③ ふだんの経営での儲けがわかる「経常利益」

経常利益は「ケイツネ」と呼ばれ、日本では長年重視されてきました。これは、会社が経常的に生む利益で「財務活動まで含んだ利益」なのですが、少しわかりにくいですね。

財務活動とは、足りないお金を銀行などから借りたり、余ったお金を運用したりすることです。**本業の営業利益に、これら財務活動での損益を足し引きしたのが経常利益というわけです。**

会社には、本業以外でもお金の出入りがあります。たとえば、銀行にお金を預けていれば利息をもらえます。株や債券を持っていれば配当や利払いも受けられます。さらに、会社が持っている株をタイミングよく売って儲けを出すことや、海外との取引きの際に為替が変動して儲かることもあるでしょう。

このような、**本業以外での収入を「営業外収益」**といいます。

逆に、銀行にお金を借りていれば利息を払います。株や為替はいつも儲かるわけではなく、損することだってあります。

このような、**本業以外での支出を「営業外費用」**といいます。

経常利益とは、本来の事業での儲けに加え、こうした会社経営にともなう日々の損益まで加味した利益です。

経常利益＝
営業利益＋営業外収益－営業外費用

④予想外のできごとがわかる「税引前当期純利益」

会社が長く続くと思わぬことが起こります。稼げない事業をリストラせざるを得なくなったり、急な災害で工場が使えなくなったり、取引先が急に倒産して代金が回収できなかったり…。

また、本業がうまくいかないため、やむなく土地や工場を売ってお金を得ることもあるでしょう。

このような、**一時的要因で生じた利益（特別利益）と、被った損失（特別損失）**まで計算したのが**税引前当期純利益**です。特別利益や特別損失は、ともに「毎年あるとは限らない」点で、経常利益で出てきた営業外収益、営業外費用と異なります。

> 税引前当期純利益 ＝ 経常利益 ＋ 特別利益 － 特別損失

⑤ 1年の最終的な儲けがわかる「当期純利益」

税引前当期純利益から、法人税などを引いた利益が当期純利益です。

　売上高からはじまり、さまざまな費用・損失を引き、営業外の収益や利益まで加味した最終的な成果です。だからこそ、**とても大事な数字です。**

　なお法人税は、時代やそのときの政府の政策によって変わります。国によっても違います。

　よくニュースや新聞で「法人税が増税（減税）」などと報道されますね。法人税が増えたり、減ったりするのは、ここに影響してくるのです。税率は、会社に残るお金を左右するので、多くの経営者は税率を気にするのです。

　なお、政府は会社からどれだけ税金をとれるか考えるので、政府にとっても会社が利益を出すことは大切。その意味で政府（国）も立派なステークホルダー（→p 24）なのです。

> 当期純利益 ＝ 税引前当期純利益 － 法人税などの税金

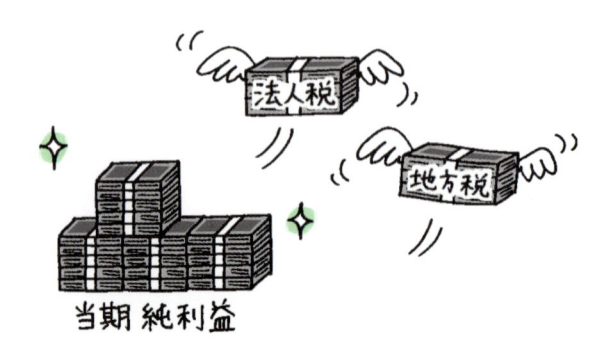

なんで利益はいくつもあるの？

　ここまで見てきたように、損益計算書には５つの利益がありました。「収益」「費用」にも、種類がたくさんありました。
　なぜ、わざわざいくつもの種類に分けるのでしょう。
　それは、**どこで儲けて、どこで損したかを詳しく知るためです**。
「最終的な利益だけわかればＯＫ」とはいかないからです。

　たとえばちょっと極端な例ですがこんな会社はどうでしょう。
　本来の事業が不調で、借金をたくさん抱えた会社が、土地を売ってお金を得ました。「当期純利益は１億円」でした。
　しかし、途中の利益も調べてみると「営業利益は１億円のマイナス」「経常利益は２億円のマイナス」。どちらもマイナスでした。
　今期は土地を売ってなんとか最終的にプラスになりましたが、来期はどうでしょう。本業がダメなまま、売れる土地がなくなったら当期純利益はマイナスです。

　損益計算書では５つの利益がありましたが、大きく分けると、

売上総利益、営業利益	⇒	事業活動からの損益
経常利益	⇒	財務活動も含む損益
税引前当期純利益、当期純利益	⇒	一時的な要因も含む損益

となります。このようにいくつかの段階に分けることで、会社の儲けの実態に迫っているのです。

3-3 損益計算書は、費用で見る!

> **そうだったのか！** 売上あるところに必ず費用あり！

ご注文の品 今日発送しました
売上！

費用は影法師…
費用！
携帯電話代…
商品の原価
費用！
社員の給与…
費用！

ポイント
- 費用を細かく見れば、会社の姿がより見える！
- 費用は、ヒト・モノ・カネのすべてにかかる
- 人の影と違い、費用は種類が豊富

費用は売上についてまわる影法師？

　人が日なたで立つと影ができます。同じように、会社も売上が立つと必ず費用が生じます。売上は、実際の商品やサービスが見えやすいのでイメージしやすいですが、**費用は見えにくく金額の把握も難しい**のです。そのうえ売上と違い、費用は種類が豊富。販管費だけでもいくつもありましたね（→p 48）。費用は利益を減らす原因。できれば小さくしたいのに、とらえにくいのです。

　そこで、何にどんな費用がかかっているのかイメージするために、ヒト・モノ・カネという視点で費用を見てみましょう。

人件費は給料だけじゃない!?　[ヒトにかかる費用]

　まずはヒトにかかる費用。会社が人の集まりである以上、必ず発生します。**社員の労働力に対して払う費用を人件費**といいます。

　しかし、一口に人件費といってもさまざま。**会計では、工場で働く人の給与は売上原価に、本社で働く人の給与は販管費になります。**このように分けて考える理由は、できるだけ売上と費用を結びつけるためです（→p 38）。

　人件費はほかにもあります。社員の年金や退職金の積み立て費用、保険料、福利厚生費などです。一概にはいえませんが、社員一人ひとりにかかる費用は給与の約2倍といわれます。

　会社にとって人は財産であると同時に、大きな費用がかかるのです。

電気をつけるだけで費用が!? [モノにかかる費用]

次にモノに着目して見てみます。**あなたが会社に行くと、そこにはデスクやパソコン、筆記用具や資料があるでしょう。それらも会社が用意したものなら、すべてに費用がかかっています。**

モノにかかる費用も、これまたさまざま。短期間で使い切るモノもあれば、長年使い続けるモノもあります。

たとえばすぐ使い切るモノとしては、パン屋さんならパンを作るための小麦粉やボールペンなどの消耗品、また光熱費などがあります。広告宣伝費もここに含まれると考えていいでしょう。

一方、何年も使うモノの代表は、会社の建物やさまざまな設備です。オフィスが賃貸なら、家賃が発生します。設備が借り物だとリース代がかかりますね。

では自社ビルや自前の設備なら費用はかからないでしょうか？結論からいえばノーです。自社ビルを建てるには、お金がたくさん必要です。それを費用として一度に計上すると、たとえ本業で十分利益が出てもトータルで赤字になりかねません。これでは、1年の成果が正しくわかりません。そこで会計では、長く使うモノの費用は数年に振り分けるのです（→ p 89「減価償却費」）。

なお、**モノにかかる費用も、ヒトと同じく、工場や設備など商品を作る段階の費用なら売上原価に、店舗や事務所など販売や管理にかかる費用なら販管費になります。**

カネにもお金がかかる　[カネにかかる費用]

　最後はカネです。少し変な感じがしますが、カネにもお金がかかります。**わかりやすいのは、借金の利子**。借金のない会社を除き、どの会社も払っているはずです。

　また、社債や株を発行するときや手形を銀行でお金にかえるときの手数料も、費用になります。

「直接費と間接費」というもうひとつの視点

　ここまで、主な費用をヒト・モノ・カネの視点で見てきました。これらがp44から説明してきた費用のどれにあてはまるかをまとめたのが下の表です。

		売上原価	販管費	営業外費用
●ヒトにかかる費用				
人件費	商品を作る人	○		
	商品を売る人		○	
●モノにかかる費用				
材料費		○		
広告宣伝費			○	
賃借料・減価償却費	製造設備	○		
	事務所		○	
●カネにかかる費用				
支払利息・株式売却損・手数料等				○

じつは、費用を見るときの視点は「ヒト・モノ・カネ」だけではありません。費用を「直接費と間接費」に分けて考えることもできます。**直接費とは売上に直結する費用**。工場で働く人の給与や、材料費などの売上原価は、いずれも直接費です。一方、**間接費とは商品の製造に直接かかわらない費用**。商品の販売や宣伝、事務所の管理などにかかる販管費が該当します。

直接費と間接費の視点で費用を考えれば、どこにムダがあり何を削れるのかがわかり、分析に役立ちます。

直接費　　　　　　間接費

● やわらか〜い「変動費」、かたい「固定費」

費用を考えるうえでもうひとつ大切な視点があります。
それが「**変動費**と**固定費**」です。
言葉の定義としては「変動費とは売上の上下とともに変わる費用、固定費とは売上が上下しても直ちには変わらない費用」です。

わかりやすく、例で説明しましょう。
あるカメラメーカーの新作が巧みな広告戦略で大ヒット、売上が伸びたとします。すると、メーカーはもっと売るために、作る数を増やします。製造量を増やせば、当然材料代も増えます。臨時のパート社員も必要になるでしょう。つまり、売れば売るほど費用も増えるのです。
このように、**売上にともなって変わる費用を変動費といいます。**

一方、カメラの販売台数が2倍になったからといって、すぐさま工場やオフィスを2倍に広げる必要はないでしょう。また、いい噂が広まれば、営業部

員は売り込みやすくなります。人数を2倍にする必要もないでしょう。

このように、**売上の上下に直接連動しない費用を固定費といいます。**

　この例だと、変動費は利益を減らし、固定費は減らさないイメージかもしれませんね。しかし固定費は「何もしなくてもかかる費用」。まったくカメラが売れなくても、社員やオフィスの維持費はかかります。

固定費はいったん増えてしまうと減らすのが大変で、利益を圧迫するのです。そのため、工場の維持費などの固定費を減らすために、生産を外部に依頼する会社も多いのです。

　革新的な商品を作るアメリカのアップル社はその好例です。また、**給料を成果主義にしたり、ボーナスを完全業績連動にしたりして、本来固定費的性格の強い人件費を、変動費化しようとする会社もあります。**

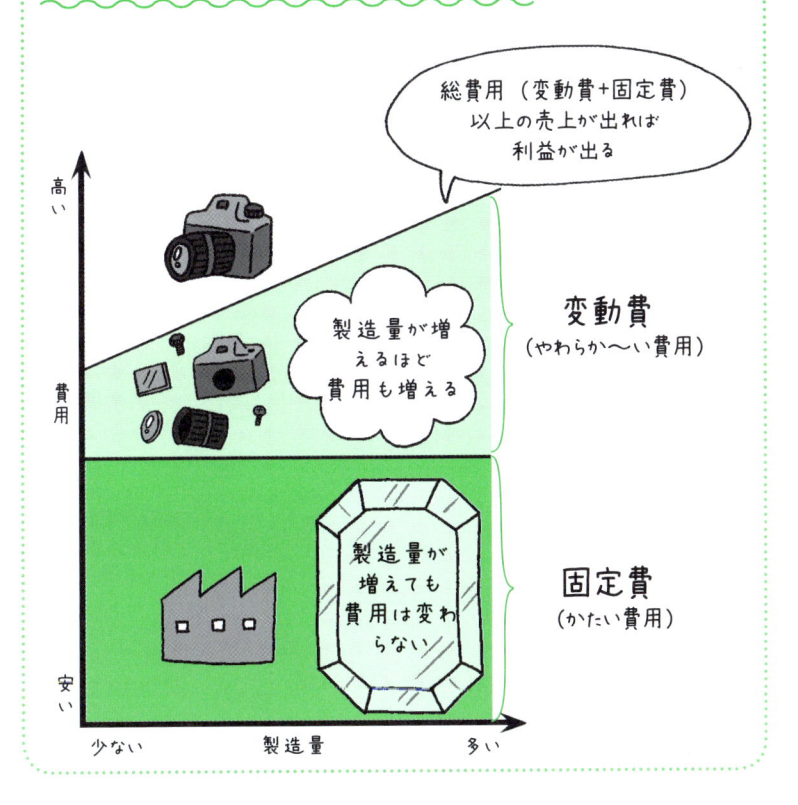

総費用（変動費＋固定費）以上の売上が出れば利益が出る

製造量が増えるほど費用も増える

変動費（やわらか〜い費用）

製造量が増えても費用は変わらない

固定費（かたい費用）

高い／費用／安い　　少ない　製造量　多い

Check!

3章のまとめ
損益計算書のイメージ

・損益計算書は、収益（売上）から費用を引いて利益を計算する書類。人にたとえると…

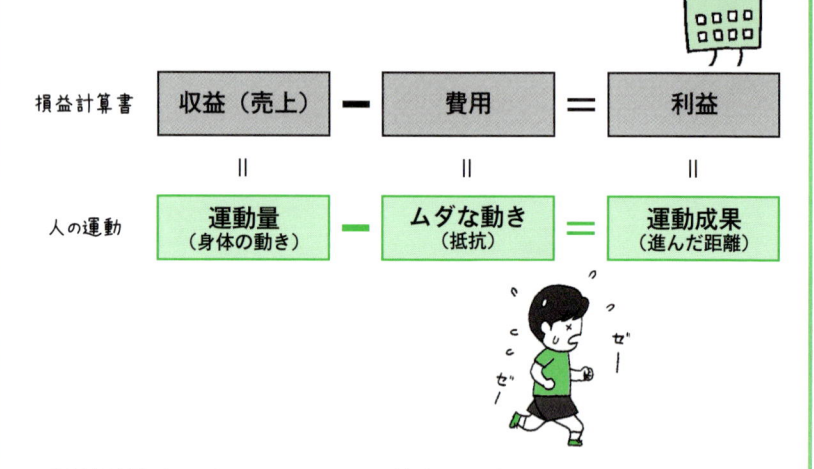

損益計算書	収益（売上）	−	費用	=	利益
	‖		‖		‖
人の運動	運動量 （身体の動き）	−	ムダな動き （抵抗）	=	運動成果 （進んだ距離）

・損益計算書に書かれる5つの利益は、大きく3つに分けられる

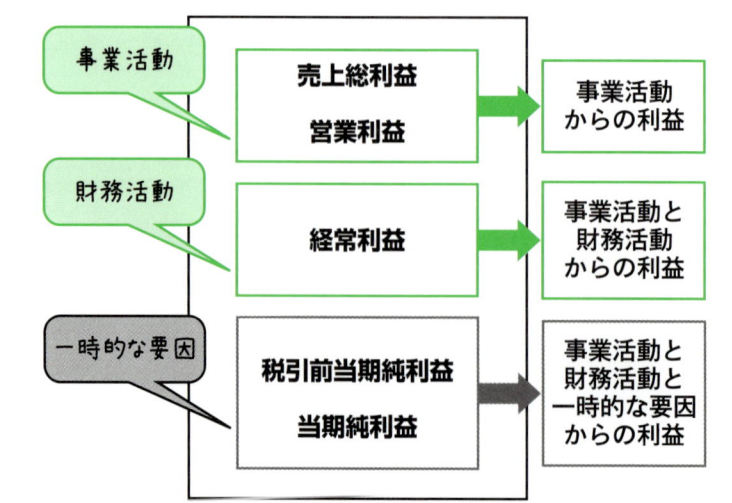

事業活動	売上総利益 営業利益	事業活動 からの利益
財務活動	経常利益	事業活動と 財務活動 からの利益
一時的な要因	税引前当期純利益 当期純利益	事業活動と 財務活動と 一時的な要因 からの利益

ゼロから！
貸借対照表の話
基礎編

4

4-1 貸借対照表で何がわかる?

そうだったのか! 外見からではわからない、会社の健康状態がわかる!

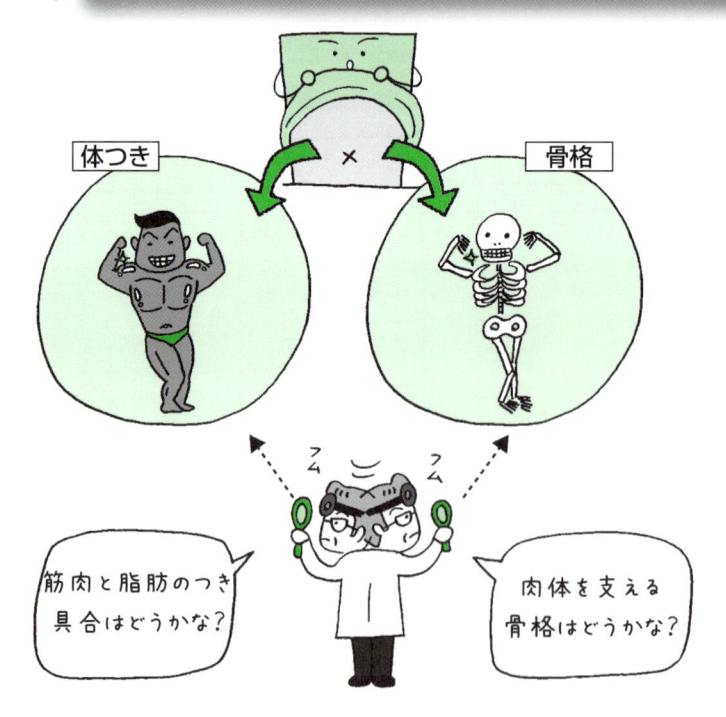

| 体つき | 骨格 |

筋肉と脂肪のつき具合はどうかな?

肉体を支える骨格はどうかな?

ポイント
- 体つき(脂肪や筋肉のつき具合)や骨格のようすから、会社の健康状態をチェックするのが貸借対照表
- 貸借対照表には、これまでの活動の蓄積が出る

貸借対照表は会社の健診データ

2章で、貸借対照表は「資産」「負債」「純資産」の3つで、会社の健康状態を表しているといいましたね(→p 32)。ここでは**損益計算書では見えない、会社の中身を見ていきます。**

みなさんの多くも、外見だけではわからない健康状態を知るため年に1度、健康診断を受けるでしょう。貸借対照表は、健康診断で渡される健診データに似ています。

私たちの健康は長年の生活習慣に左右されます。ふだんから運動をしていて健康的な食生活の人と、運動不足でカロリーの高いものばかり食べている人では、健診結果は違いますよね。

会社も同じです。貸借対照表には、会社のこれまでの活動の蓄積が表れます。**売上を生み出す筋肉があるか、余分な脂肪はつきすぎてないか、病気（経営悪化）の心配はないかなどです。だから、会社の数字を知るうえで、貸借対照表はとても大切なのです。**

しかし、会計・決算書を勉強するとき、多くの人がこの貸借対照表でつまずきます。私は新卒で政府系の銀行に入りました。新人研修のとき「貸借対照表を読めるようになれば、一人前の銀行員だ」といわれたのを覚えています。裏を返せば、それほど読みこなすのが大変なのです。

そこでこの章では、人の身体にたとえながら貸借対照表のイメージをわかりやすく説きます。そうすることで全体像が見えてくるはずです。はじめは、細かい部分にとらわれず進みましょう。

4-2 貸借対照表のしくみ

> これが基本
>
> 左側半分がお金の「使い方」、右側半分がお金の「集め方」！

貸借対照表（B/S）

（資産の部）		（負債の部）	
流動資産	×××	流動負債	×××
現金及び預金	×××	買掛金	×××
受取手形	×××	短期借入金	×××
売掛金	×××	未払金	×××
有価証券	×××	前受金	×××
製品	×××	その他	×××
原材料	×××	固定負債	
繰延税金資産	×××	社債	×××
貸倒引当金	×××	長期借入金	×××
固定資産		その他	×××
有形固定資産	×××	負債合計	×××
建物	×××	（純資産の部）	
機械装置	×××	株主資本	×××
工具器具備品	×××	資本金	×××
土地	×××	資本剰余金	×××
無形固定資産	×××	資本準備金	×××
のれん	×××	利益剰余金	×××
ソフトウェア	×××	利益準備金	×××
投資その他の資産	×××	その他利益剰余金	×××
投資有価証券	×××	繰越利益剰余金	×××
関係会社株式	×××	評価・換算差額等	×××
その他	×××	少数株主持分	×××
貸倒引当金	×××	純資産合計	×××
資産合計	×××	負債・純資産合計	×××

左側 / 右側

会社の財産（お金の使いみち）

借りたお金（お金の集め方）

返さなくていいお金（お金の集め方）

左側は会社の財産、右側はそのお金の出どころ

　貸借対照表を一言でいうと「**会社の財産と、その財産を手に入れるための資金がどこからきたのかを示すもの**」です。

　左図を見てください。損益計算書とは違い、表の中央で大きく左右に区切られています。右側はさらに、上下に分かれ、**大きく3つのブロックでできていますね**。この位置関係がポイントで、左右の軸、上下の軸にはそれぞれ意味があります。

　まず左右ですが、**表の左側を「資産の部」と呼び会社の財産が記されています。そして右側にはその財産を手に入れる元手が書かれていて、上を「負債の部」、下を「純資産の部」と呼びます。**

　次に上下ですが、ここでは「1年以内に」がキーワード。資産の部なら「1年以内に現金化できる資産かどうか」、負債の部なら「1年以内に返済しないといけないお金かどうか」です。

　1年以内に現金化できる、または返済義務があるものを「流動性がある」、1年を超えるものを「固定性がある」といいます。

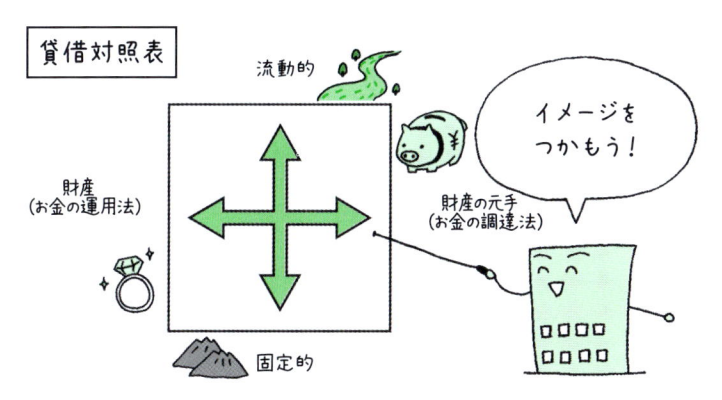

貸借対照表

財産（お金の運用法）　流動的　固定的
財産の元手（お金の調達法）

イメージをつかもう！

> 左右の合計金額が一致する！

　損益計算書の基本が「収益 − 費用 ＝ 利益」だったように、貸借対照表にもいくつか法則があります。
　なかでも、**もっとも大事なのが表の左右が必ず一致（バランス）すること**。貸借対照表の基本は「資産 ＝ 負債 ＋ 純資産」でしたね（→p 32）。英語でBalance Sheet（B/S）と呼ばれる由来です。

　前ページで、左側には会社の財産がくるといいましたが、一口に財産といってもさまざま。現金や預金はもちろん、仕入れた材料や商品、自社ビルや工場やパソコンなど、すべて会社の財産です。**会計では、これら財産をひっくるめて資産と呼んでいます。**
　一方、右側はその資産を手にするための元手です。元手には、「銀行などから借りた返済義務のあるお金」と、「株主から集めたお金や、会社が自ら儲けた返済義務のないお金」があり、前者を**負債**、後者を**純資産**と呼びます。
　会計ではこの、財産と元手を「お金の運用法（＝左側）」と「調達法（＝右側）」とよくいいます。

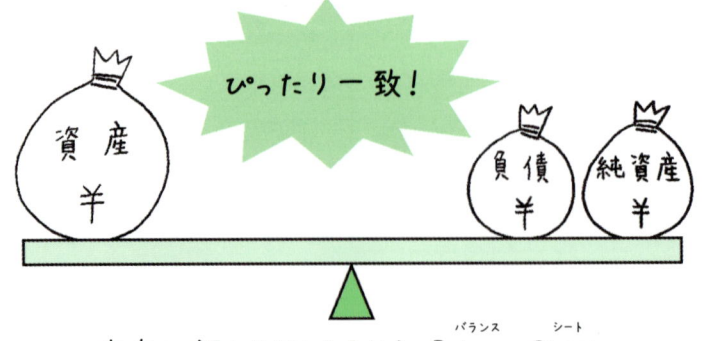

ぴったり一致！

左右のバランスがとれるから　Balance Sheet（バランスシート）

資産と負債は、流動性の高い順に上から並んでいる

次に上下を見てみましょう。p 64の表では、いくつも項目がありましたが、適当に並んでいるわけではありません。並び順にも意味があります。貸借対照表を、シンプルにしたのが下図です。

資産と負債の部には、それぞれ上のほうに流動資産（流動負債）が、下のほうに固定資産（固定負債）のボックスがありますね。つまり、基本構造は流動性のある順に上から並んでいるのです。

なお、純資産は固定負債よりもさらに流動性が低いものとして、負債の部の下にきます。流動負債が1年以内に返済しなければならないのに対し、固定負債は1年以内に返す必要はないものの、返済義務のあるお金です。それに対して、純資産は誰にも返す必要はないので「固定以上にがっちり」というイメージです。

貸借対照表

	資産の部	負債の部	
現金化しやすい ↓ 現金化しにくい	流動資産 ・現金、預金 ・売掛金 ・棚卸資産　など	流動負債 ・買掛金 ・短期借入金　など	早めに返済 ↓ じっくり返済
		固定負債 ・社債 ・長期借入金　など	
	固定資産 ・建物 ・土地 ・投資有価証券　など	純資産の部 株主資本 その他	返済不要

会社にも筋肉と脂肪がある!?

　貸借対照表の左側（資産の部）と右側（負債、純資産の部）では、見えるものがまったく違います。

　まず**左側は、人の身体でいうと目に見える部分、つまり肉体（体つき）です**。その体つきを見れば、会社にどれだけ「筋肉」や「脂肪」があるのかがわかります。人と同じように、体つきは運動成果に影響を与えます。

　人にとって筋肉とは、運動をするときの動力源。脂肪は、エネルギーに換わる前の蓄積状態です。どちらも欠かせません。
　これを会社で考えると、**会社の筋肉とは「売上を生み出す動力源」、脂肪は「売れてお金に換わる前の蓄えと、現金そのもの」**といえます。たとえば、製品を作る工場や商品を売る店舗などが筋肉で、倉庫で眠る在庫や、持っているだけの現金などが脂肪です。

会社の筋肉

会社の脂肪

● 人も会社も、脂肪はいらない？

ところで、脂肪と聞くと、つい「太る」「できれば減らしたいもの」とマイナス面が連想されます。
しかし、脂肪がまったくないのも困りもの。

人は寒さから身を守るため、**ある程度の脂肪は必要です。**
同じように会社もある程度、現金や在庫を持っておく必要があります。
万が一トラブルがあったときに、すぐお金が用意できないと困りますし、商品がヒットし売れているのに在庫がないと、対応できないからです。

ただし、商品を作る工場や、売上をあげる販売店舗と異なり、現金や在庫それ自体は、何も生み出しません。
商品在庫は売れるまでは、お金になりません。現金もただ持っているだけでは、増えません。
そればかりか、在庫は長く持っていると、古くなって売れなくなるかもしれません。しかも倉庫代などの保管料もかかるでしょう。現金も工場や設備にかえたほうが、お金を生み出すチャンスが増えます。
そのため、在庫や現金を必要以上に持っているのは非効率的。
人も会社も脂肪は不可欠ですが、脂肪のつきすぎはよくないのです。

人も会社も「身体が資本」?

次に、右側の負債・純資産の部を見てみましょう。ここには肉体（資産の部）を支える土台、いわば骨格が記されています。

会計では、返済義務のある負債を「他人資本」、返済義務のない純資産を「自己資本」ともいい、会社はこの2つの力で肉体を支えているのです＊。

自己資本は、身体でいえば、自分の骨格。しっかりしているほど強い肉体をつくれるので、多いほど好ましいです。

しかし他人資本は、本来自分のお金ではありません。なぜ、自分の肉体を支えるのに、他人の力を借りるのでしょう。

たとえば、会社が1億円の自己資本で設備をそろえようとすれば、当然1億円分しか買えません。しかし、1億円を借りて、あわせて2億円の元手を用意できれば、倍の設備を購入できますね。自己資本に他人資本を加えて、より大きな身体を作ることで、売上・利益を上げやすい体質にするのです。これは、本来の筋力以上の筋肉を手にするために、筋肉増強剤を飲むイメージですね。

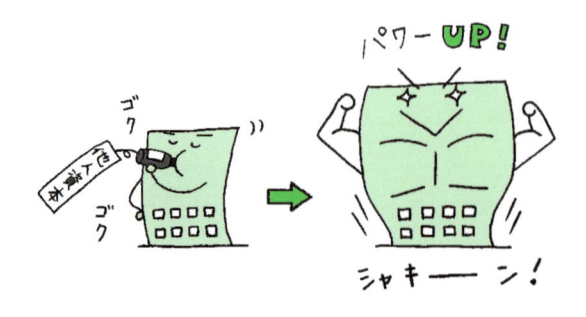

＊「他人資本＋自己資本」のことを総資本といいます

● 貸借対照表 俯瞰図！（ここまでのまとめ）

損益計算書のキーワード、収益（売上）・費用・利益のトリオに比べ、貸借対照表の資産・負債・純資産は、ふだんの仕事ではあまり見聞きしないでしょう。そのため、貸借対照表もイメージしにくいと思います。

そこで、それぞれの項目の説明に入る前に、貸借対照表では、どのあたりに、どんなことが書かれているのかをまとめてみました。
頭の片すみに入れておけば、実際の数字を見てもざっくりイメージできるでしょう。

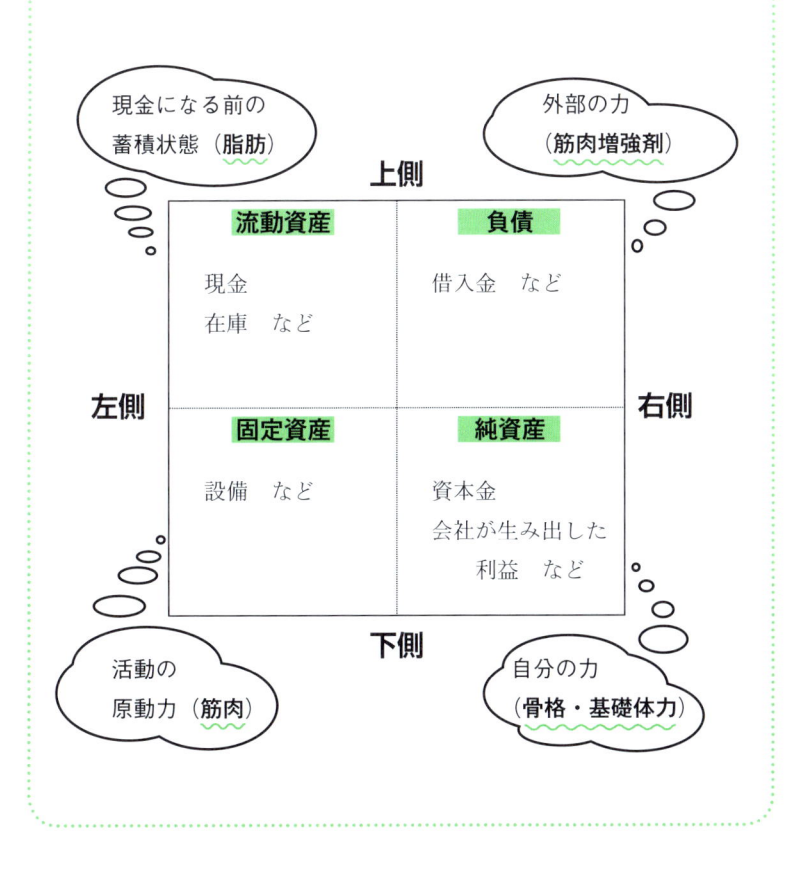

現金になる前の蓄積状態（脂肪）　　　外部の力（筋肉増強剤）

上側

流動資産	負債
現金 在庫　など	借入金　など
固定資産	**純資産**
設備　など	資本金 会社が生み出した利益　など

左側　　　右側

下側

活動の原動力（筋肉）　　　自分の力（骨格・基礎体力）

4-3 3つの部 ①資産の部

そうだったのか！ 資産は会社の"財産"。財産には2種類ある！

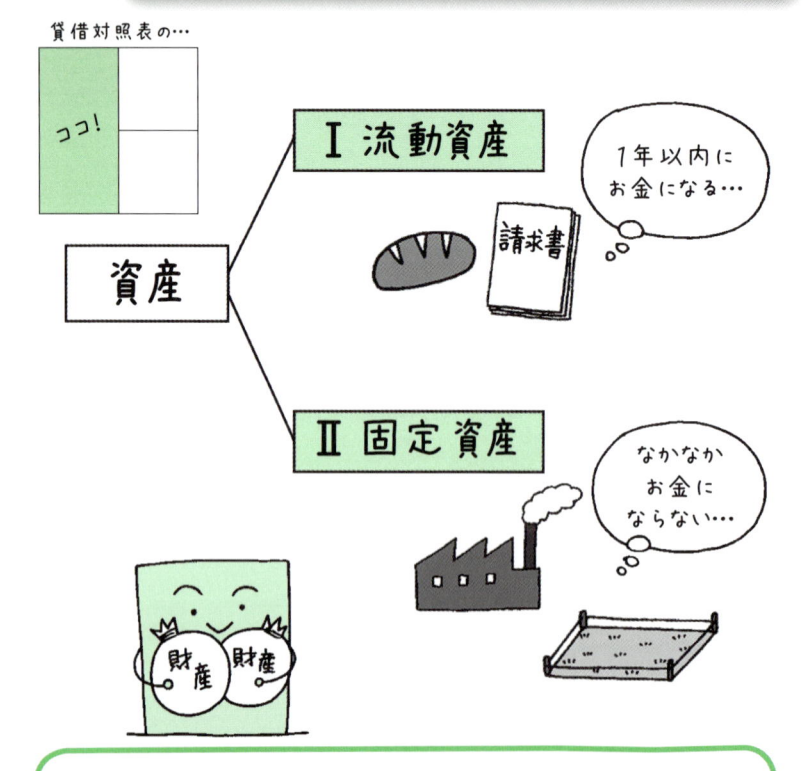

貸借対照表の… ココ！

資産
- Ⅰ 流動資産 — 1年以内にお金になる…
- Ⅱ 固定資産 — なかなかお金にならない…

ポイント
- 流動資産はエネルギーの蓄えである"脂肪"、固定資産は売上を生み出す"筋肉"。どちらも大切
- 流動と固定を分けるのは、換金のしやすさ

すぐ現金にできる流動資産

ここからは、貸借対照表の主な項目を見ていきます。

はじめは資産の部。大きく分けて流動資産と固定資産がありましたね。2つの違いは、現金に換えやすいかでした。1年以内に換金できれば流動資産、1年を超えるなら固定資産です。

お金になりやすい流動資産は、さらに3つに分けられます。

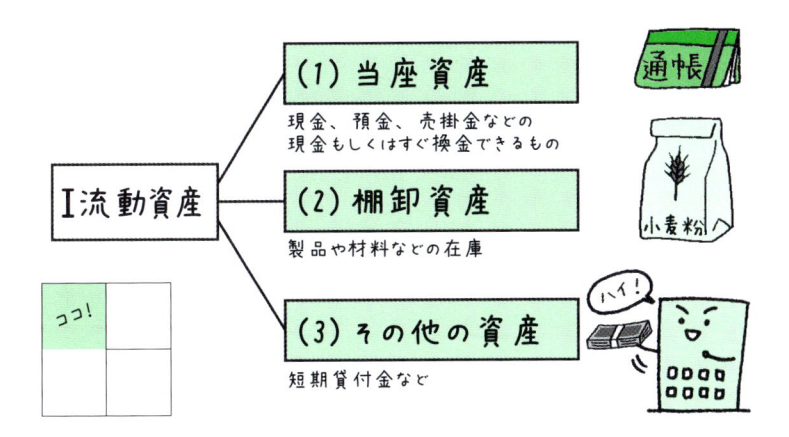

Ⅰ 流動資産
- (1) 当座資産 — 現金、預金、売掛金などの現金もしくはすぐ換金できるもの
- (2) 棚卸資産 — 製品や材料などの在庫
- (3) その他の資産 — 短期貸付金など

(1) **当座資産**の"当座"とは「その場・即座」といった意味です。つまり、**もっともお金になりやすい資産**ですね。

会社の財産は、何も商品や工場だけではありません。もちろん現金そのものも財産。商品をツケで売ったときに得る「あとで代金をもらえる権利（売上債権）」なども財産です。

(2) **棚卸資産**は、簡単にいうと商品や材料の在庫でした（→p47）。

(3) **その他の資産**の代表は、短期貸付金。これは、取引先や仕入先に貸したお金のうち、1年以内に回収できるものを指します。

実際の貸借対照表も、(1)〜(3)の順に並んでいます。

しかし、これらの**項目の名前をすべて覚えるよりも、この表から会社の健康状態を見る視点が大切です**。

流動資産を脂肪にたとえましたが、**脂肪にもよしあしがあります**。そう、**善玉と悪玉コレステロールです**。
(1)当座資産に含まれる「現金および現金同等物」は善玉。
理由は、現金をそのまま持っていても何も生み出しませんが、たくさんあるからといって悪さもしないからです。

ところが、**(1)当座資産に含まれる「売上債権＊」や、(2)棚卸資産は悪玉。多すぎると危険です**。
売上債権とは、いわばツケで売った状態。相手があとで代金を払ってくれると信用して取引きしているのです。
しかし、ツケでの売上が増えるとどうでしょう。代金を支払ってもらえるまでは、現金はもらえません。手元にお金がなければ、次の仕入れや商品作りができません。万が一、取引先が倒産したら、回収できなくなることだってあるのです。

また棚卸資産とは、お金をかけて仕入れたものや作ったものが売れるまでの状態。簡単にいえば在庫です。売れるまでは何も生み出しません。長い間売れなければ、商品価値が減ります。しかも管理には倉庫代などがかかるでしょう（→ p 69）。
確かに、在庫が少なすぎると「売れているのに、商品を供給できない」ことになってしまいます。しかし、**過剰在庫はリスクをともなう**のです。

＊より詳しくいうと、売上債権は、証明書となる"手形"がある「**受取手形**」と手形のない「**売掛金**」があります

すぐにはお金に換えられない、固定資産

固定資産とは、1年を超えても現金化せず、使い続けることを前提に持っている財産です。売上に直接からむ、会社の筋肉です。

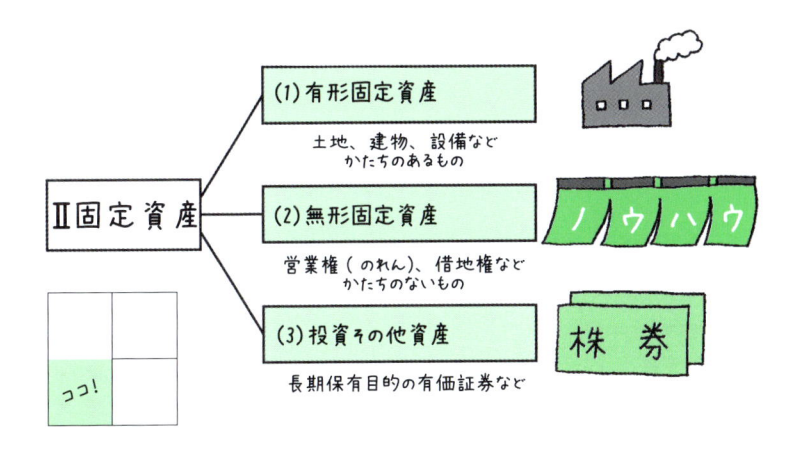

```
Ⅱ固定資産 ─┬─ (1)有形固定資産
          │     土地、建物、設備など
          │     かたちのあるもの
          ├─ (2)無形固定資産
          │     営業権（のれん）、借地権など
          │     かたちのないもの
          └─ (3)投資その他資産
                長期保有目的の有価証券など
```

ココ！

　(1)**有形固定資産**とは、本社ビルや工場設備、販売店舗など事業に直接必要な資産のこと。「**目に見えて、触れられ（有形）、1年を超えて使う資産**」という意味です。

　(2)**無形固定資産**とは「**かたちこそないものの価値のあるもの**」。イメージしやすいのは特許権や電話加入権などですが、グローバル化が進む現在、よく見られるのが営業権（のれん）です。

　これは、他社から商品やブランドの権利を買ったり、その会社を買収したりしたときに生まれるもの。そのため買収が多い会社には、多いはずです。

　(3)**投資その他資産**とは、他社と協力するために買った株や、長期保有を目的に持っている有価証券などのことです。

4-4 3つの部 ②負債の部

そうだったのか! 負債とは、いずれ返すお金。資産と同じく、2種類ある!

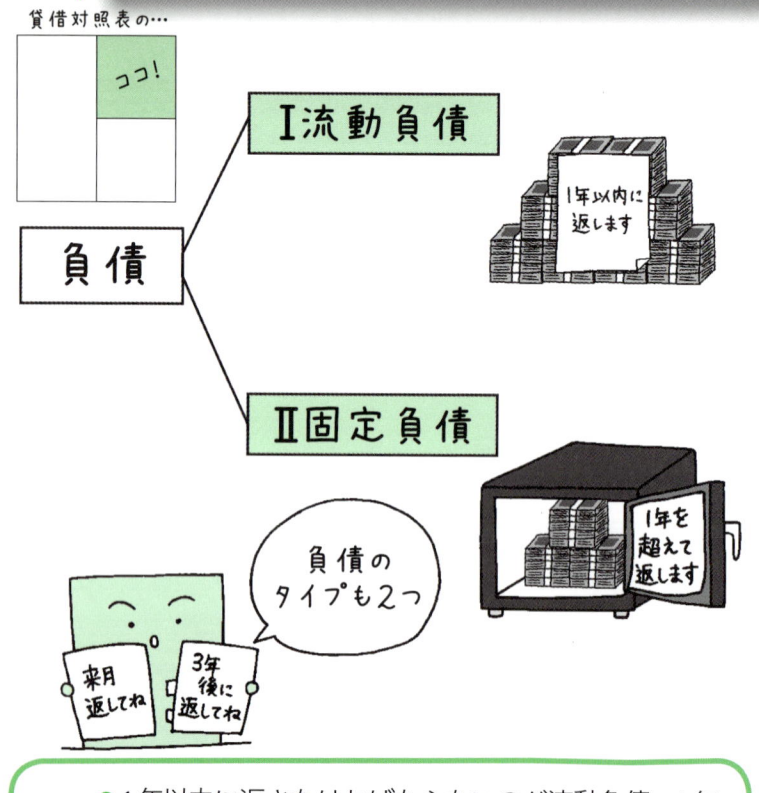

貸借対照表の… ココ!

負債
- Ⅰ 流動負債（1年以内に返します）
- Ⅱ 固定負債（1年を超えて返します）

負債のタイプも2つ

来月に返してね／3年後に返してね

ポイント
- 1年以内に返さなければならないのが流動負債。1年を超えてもいいのが固定負債
- 負債はいずれは返済するお金。多すぎると危険

集めたお金のうち、返済義務があるのが負債

　少し復習しましょう。貸借対照表の右側には、お金の調達方法がくるのでしたね。**資産の部に書かれる財産の、いわば"元手"が負債と純資産。そのうち、返済義務のあるお金が負債でした。**

　負債の部も、資産と同じように2つに分けられましたね。流動負債と固定負債です。"流動"と"固定"の違いは、「**1年以内に返済しなければならないのか**」でした（→p 67）。

返済期限が1年以内の流動負債

　主な流動負債は、**仕入債務**と**短期借入金**です。仕入債務とは、先ほど出てきた売上債権（→p 74）の逆と考えてください。

　具体的には「**買掛金**」「**支払手形**」などがありますが、どちらも商品や材料をもらったものの、まだ代金を払っていない"**ツケ買い**"の状態です。手元にお金がなくても仕入れられるため、売上債権とは逆に、資金的にはラクになります。

　短期借入金とは、銀行などからの借金のうち、1年以内に返さなければならないもの。こちらはイメージしやすいでしょう。

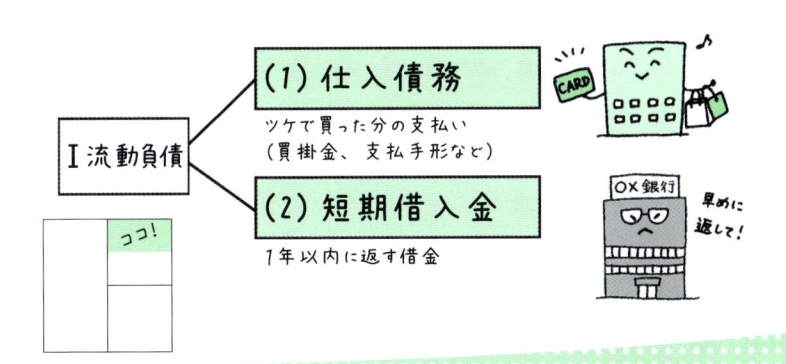

Ⅰ流動負債
- (1) 仕入債務　ツケで買った分の支払い（買掛金、支払手形など）
- (2) 短期借入金　1年以内に返す借金

1年を超えたあとに返せばいい固定負債

主な固定負債は「**社債**」と「**長期借入金**」です。

社債とは、会社が発行する債券のこと。

個人向け国債という言葉を聞いたことがありますか？ 国債は国がお金を集めるために発行する債券のこと。5年後、10年後などの期間ののち、元本に利子をのせて返します。社債は、その会社版です。

長期借入金は、銀行などからの借金のうち、1年以上あとに返せばいいお金。短期借入金が1年以内の返済なのに対し、長期借入金は1年を超えての返済が可能です。これが"長期"といわれる理由です。

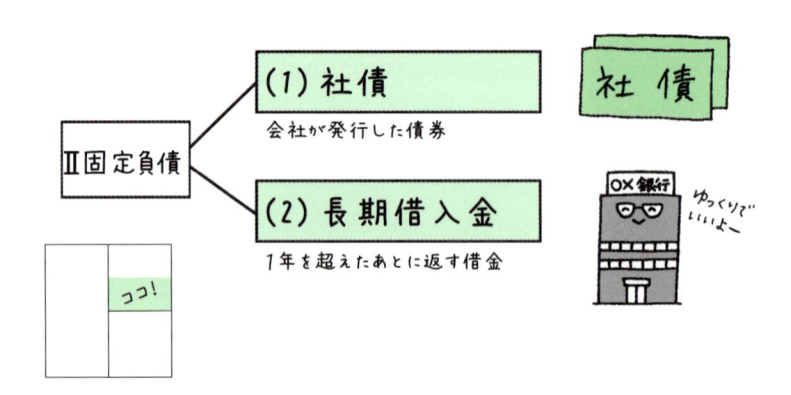

```
             ┌─ (1) 社債
             │    会社が発行した債券
Ⅱ 固定負債 ─┤
             │
             └─ (2) 長期借入金
                  1年を超えたあとに返す借金
```

ココ！

● なんで、流動と固定に分けるの？

ここまで見てきたように、資産と負債にはそれぞれ「流動」と「固定」がありました。では、そもそもなぜ流動と固定に分けるのでしょう。

主な理由は、会社の安全性を知るためです。
たとえば、あるパン工場が500万円分の小麦粉を仕入れました。ちょうどそのとき手元に現金が100万円しかなかったので、ツケで買いました。支払期限は来月です。ところが、体調をくずしパンが作れません。すぐにお金にできる資産もありませんでした。このあと、この工場がどこからもお金を借りられなければ、倒産もあり得ます。

ちなみに、このパン工場の土地の価値は1億円でした。かといって、土地はすぐには売れず、売ったらパン屋さんは続けられません。

この例からわかるように、**いくら1億円の固定資産を持っていても、500万円の代金すら払えないのです。**
そのため、**資産と負債には、その中身のバランスがとても大切**。1年以内に返さないといけない流動負債の額だけ、1年以内にお金になる流動資産があれば安心です。また、工場のように長く使う固定資産は、長い間返さなくてもいい固定負債で工面できれば安心です（詳しくは、7章の安全性の分析で話します）。

また、負債はお金を貸す側から見ればもっと単純な話です。
銀行はなるべく長期間お金を貸したくありません。みなさんも知り合いに「10年後に返すから、5万円貸して」と頼まれたら、ちょっと嫌でしょう。

このように、**会社の安全性を見るうえでは［流動資産と流動負債］、［固定資産と固定負債］のバランスという視点が重要なのです。**だからこそ「流動」「固定」の区別があるのです。

3つの部 ③純資産の部

そうだったのか！ 純資産とは、誰にも返さなくていいお金！

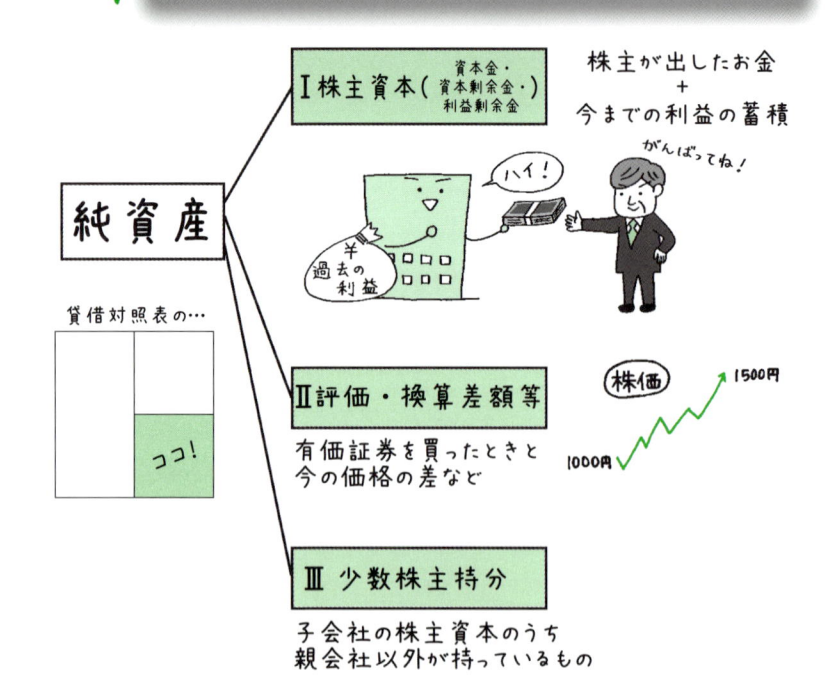

貸借対照表の…　ココ！

純資産

Ⅰ 株主資本（資本金・資本剰余金・利益剰余金）
株主が出したお金 ＋ 今までの利益の蓄積

Ⅱ 評価・換算差額等
有価証券を買ったときと今の価格の差など

株価　1000円 → 1500円

Ⅲ 少数株主持分
子会社の株主資本のうち親会社以外が持っているもの

ポイント
- 純資産は、外からの力を除いた、会社本来の力
- 純資産は、たくさんあるほど安心
- なかでも、株主資本が重要！

大切なのは、株主資本！

3つの部の最後は、純資産の部です。

教科書的には「資産の部から負債の部を引いたものが、純資産の部」ですが、ここではざっくりと「返さなくてもいいお金」と考えてください。

純資産のなかで、もっとも大切なのが株主資本です。ほとんどの会社で、純資産に占める割合が一番大きいからです。

株主資本は、資本金、資本剰余金、利益剰余金などに細かく分けられますが、要は「株主が出したお金 ＋ 会社自身がこれまでに稼いだ利益の蓄積」のこと。

通常会社は、自己資本（純資産）と他人資本（負債）によって支えられますが、株主資本は自己資本のまさに骨格といえます。

評価・換算差額等は簡単にいうと、持っている株などの有価証券の今の価格と、買ったときの価格の差です。購入時より株価が上がればプラスに、逆に下落すればマイナスになります。また、為替での損益などもあります。

少数株主持分（もちぶん）とは、子会社*が発行する株のうち、親会社以外が持っている株のことです。たとえば、A社の子会社であるB社が、100株発行していて、そのうちの70株を親会社のA社が、残りの30株を取引先のC社が持っていたとします。そのときの30株分が少数株主持分ということです。

＊厳密には親会社の決算に含まれる「連結子会社」

Check!

4章のまとめ

貸借対照表のイメージ

・貸借対照表は、左側に会社の財産、右側にその元手を記した書類。人にたとえると…

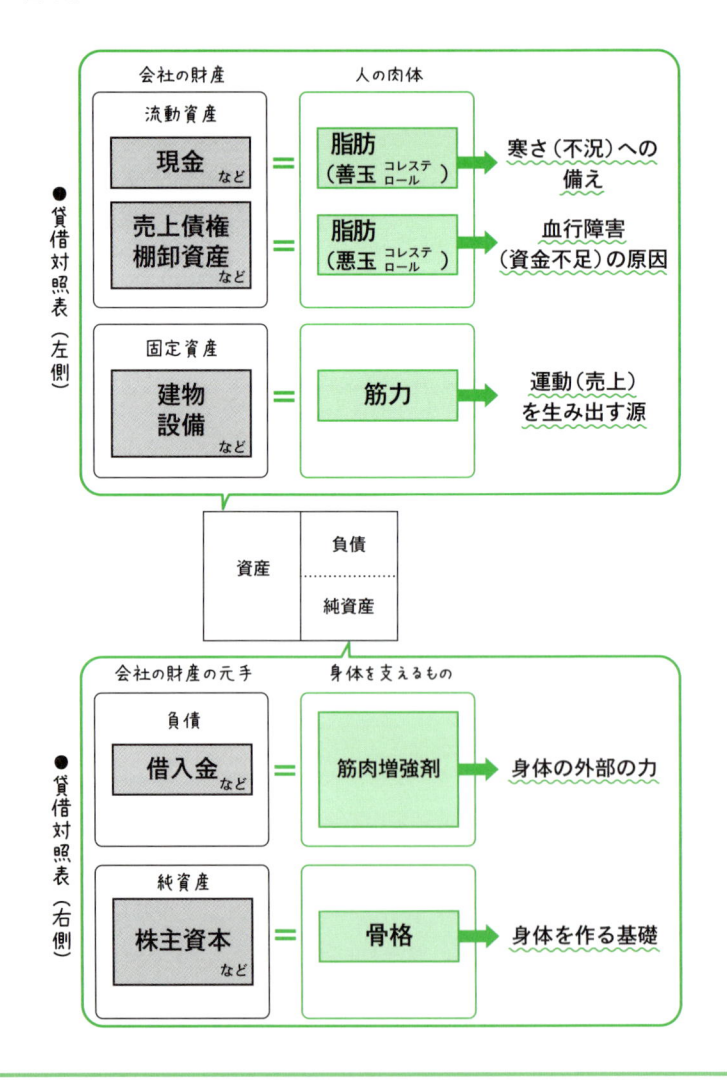

●貸借対照表（左側）

会社の財産	人の肉体	
流動資産 現金 など	=	脂肪（善玉コレステロール） → 寒さ（不況）への備え
売上債権 棚卸資産 など	=	脂肪（悪玉コレステロール） → 血行障害（資金不足）の原因
固定資産 建物 設備 など	=	筋力 → 運動（売上）を生み出す源

資産	負債
	純資産

●貸借対照表（右側）

会社の財産の元手	身体を支えるもの	
負債 借入金 など	=	筋肉増強剤 → 身体の外部の力
純資産 株主資本 など	=	骨格 → 身体を作る基礎

ゼロから！
キャッシュフロー計算書の話
基礎編

5

5-1 キャッシュフロー計算書で何がわかる?

> **そうだったのか!** 会社の血流が正常かどうかがわかる!

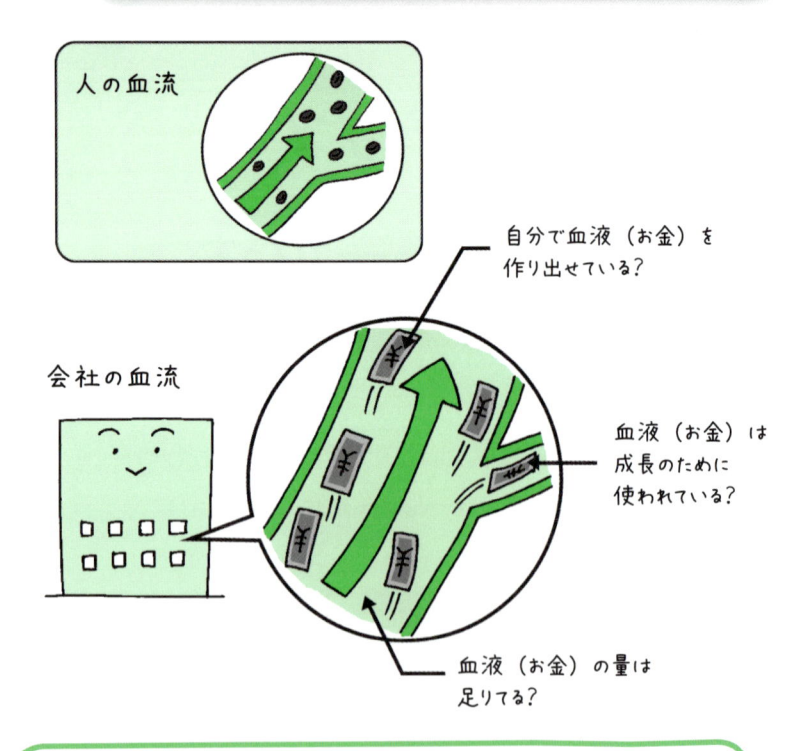

人の血流

会社の血流

- 自分で血液(お金)を作り出せている?
- 血液(お金)は成長のために使われている?
- 血液(お金)の量は足りてる?

ポイント
- 会社の「血流」とは、お金の流れ
- 人は血流状態が悪いと倒れてしまうように、会社もお金の流れが悪いと倒産しやすくなる

なんでキャッシュフロー計算書が必要なの？

　損益計算書で会社の「運動成果」、貸借対照表で「健康状態」を見てきました。財務3表の最後はキャッシュフロー計算書です。2章でも触れましたが、**キャッシュフローでわかるのは「会社の血流」**、つまり現金（キャッシュ）の流れ（フロー）です*。

　ところで、運動成果と健康状態を見たうえに、なぜさらに血液の流れまでチェックするのでしょう。理由は2つあります。

　ひとつ目は、**血流が命にかかわる大事なことだからです。**
　人は、血の巡りが悪いと病気になりやすくなります。会社もお金の回りが悪いと、日々の活動に支障をきたします。
　また、人はケガをすると血が出ます。少しの出血なら問題ありませんが、大量だと命にかかわります。会社も同じです。会社の出血とは、お金がどんどん外へ流れ出ている状態。会社からお金がなくなれば倒産してしまいます。
　2つ目は、**損益計算書と貸借対照表からは、血流まではわからないからです。**無理していい運動成果（利益）をあげても、じつは貧血を起こしているかもしれません。また、体つきのいい人でも、じつは血流がドロドロかもしれません。

　損益計算書・貸借対照表の2表では見えない、会社の血流状態をチェックするのがキャッシュフロー計算書なのです。

*以下、キャッシュフローを「CF」、キャッシュフロー計算書を「C/S」と略すことがあります

5-2 キャッシュフロー計算書 C/S でしかわからないこと

> そうだったのか！
> **P/L（損益計算書）とB/S（貸借対照表）では現金の動きまではわからない**

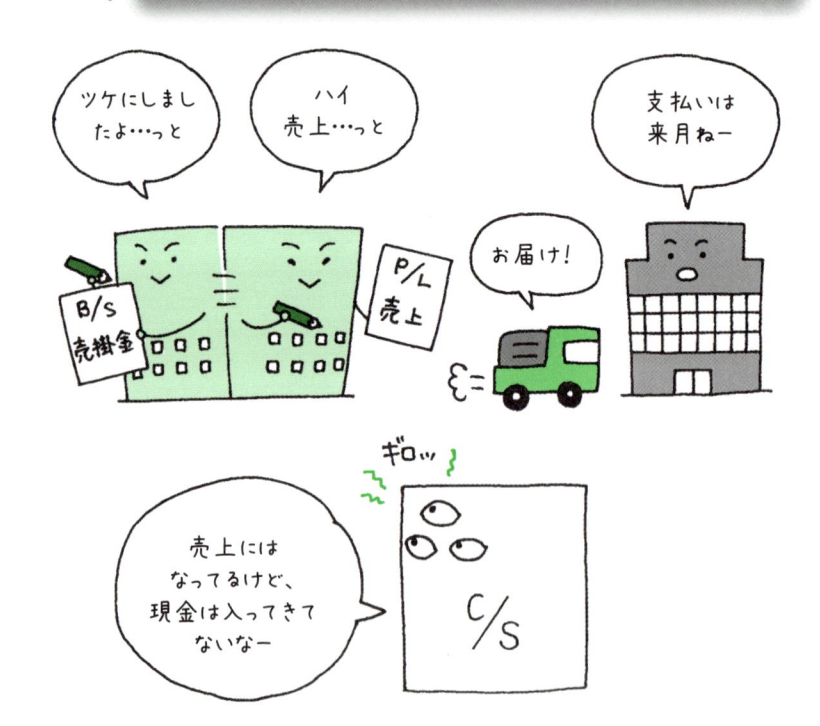

「ツケにしましたよ…っと」
「ハイ 売上…っと」
B/S 売掛金 = P/L 売上

「お届け！」
「支払いは来月ねー」

ギロッ
「売上にはなってるけど、現金は入ってきてないなー」
C/S

ポイント
- P/LとB/Sは、"モノの動き"に着目する発生主義（→p37）に基づき、売上や費用を計上
- C/Sは2表が見逃す"お金の動き"を見張る！

どうやって現金が増減したかがわかる！

キャッシュフロー計算書の大切さがわかりましたか。では、この表が示す"現金の流れ"とはなんでしょう。

それは、一言で表せば「実際の現金の出入り」です。

つまり、どれだけ会社に現金が入ってきたか、どれだけ会社から出ていったか、その結果今どれだけ手元にお金があるかです。

なんだか収益（売上）・費用・利益に似ていると思いませんか。

しかし、会計のルールの「発生主義（→ p 37）」を思い出してください。会計では、原則現金の動きは追いません。売上は、商品を届けたとき（モノが移動したとき）に発生するのでしたね。

つまり、実際の現金の動きは見えないのです。

繰り返しになりますが、会社間の取引きでは、ツケでの売買がよくあります。そのため、商品を渡したので（損益計算書上では）売上になったけど、まだお金をもらってないという「ズレ」が生じます。**商品と代金のタイムラグです。キャッシュフロー計算書はこういうズレがどこで生じているのかをチェックするのです。**

会計の世界には「Profit is an opinion, cash is a fact（利益は意見、現金は事実）」という言葉があります。発生主義に基づく取引では、ツケで売れば売上や利益は簡単に作り出せます。しかし、現金はそうはいきません。ツケで売りすぎると「あんなに売上が出たのに、手元に現金がぜんぜんない！」なんてことになりかねません。現金はごまかしがきかないのです。先の言葉は、利益はあくまで意見、現金こそ事実、大切なものということですね。

ズレ① 思いのほか手元に現金がない!?

実際のキャッシュフロー計算書を見る前に、主な「ズレ」を見てみましょう。まずは、損益計算書ではたくさん利益が出ているのに、手元に現金がないケースです。主な理由は2つです。

ケース1．売上代金が未回収

ツケで売った場合です。損益計算書では、商品を届けた時点で売上にしますが、まだ代金を受け取ってないので現金は会社に入ってきていません。売上の割に手元に現金がない状態です。

ケース2．仕入れた材料や商品が残った

「会計は売上と費用と結びつける」というのを覚えていますか（→p38）。売上に対応した出費だけを費用とするのでしたね。

パンを作るために小麦粉を10万円分仕入れても、結局7万円分しか使わず、3万円分が余ったとします。すると、実際には10万円の現金が会社から出ていったのに、損益計算書では7万円しか費用としてカウントしていません。損益計算書だけでは、このズレである3万円の流出に気づけないのです。

手元に現金がなければ、次の仕入れができません。1、2のケースはともにお金のやりくり（**資金繰り**）を苦しめるのです。

ズレ② 思いのほか手元にお金があった！

逆のパターンもあります。これも主な理由は2つ。

ケース1．仕入れ代金が未払い

「売上代金が未回収」と逆のパターンです。ツケで仕入れれば仕入れるほど、一時的には資金繰りはラクになります。

ケース2．減価償却費など、お金が出ていかない費用

費用のなかには、実際に現金が出ていかないものもあります。たとえば会社の車や、パン屋さんのオーブンなど、長く使う固定資産の代金。この現金の支出を買った年だけの費用にしたらどうでしょう。購入した年以降も売上に貢献するのに、費用にしないのは、売上と費用を対応させる原則から遠ざかりますね。自社ビルなど大きな買い物をした年は、たとえ本業で儲かっていても、その年の費用が莫大になり利益を正しく表せません。

これらの問題を解決するのが、損益計算書の費用項目の==減価償却費==です。これは<u>一括で買ったときの費用を、できるだけ売上に対応させるために数年に割り振ることにした、いわば概念上の費用</u>。そのため数年間は（損益計算書に）費用として計上されるものの、買った年以外、実際に現金は出ていきません。

〈減価償却のしくみ　〜300万円の車を一括で買った場合〜〉

支払いは一括。でも…

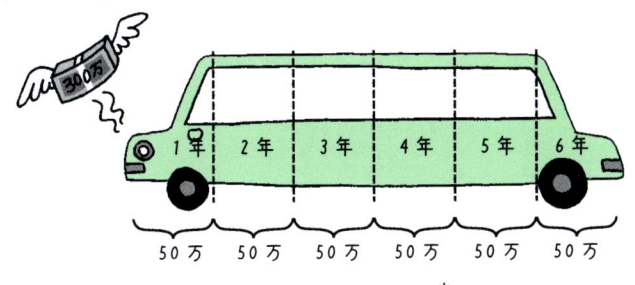

300万

| 1年 | 2年 | 3年 | 4年 | 5年 | 6年 |

50万　50万　50万　50万　50万　50万

費用は数年に分けて計上⇒減価償却*

＊車は〇年、工場設備は△年…のように、何年に分けるかは固定資産の種類によって決められています

5-3 キャッシュフロー計算書のしくみ

> これが基本：「営業」「投資」「財務」活動でのお金の増減をチェックする！

キャッシュフロー計算書（C/S）

区分	金額	
Ⅰ　営業活動によるキャッシュフロー		**営業CF** 本業でしっかり稼げたか
税引前当期純利益	＋＊＊＊	
減価償却費	＋＊＊＊	
売上債権の増加	－＊＊＊	
棚卸資産の増加	－＊＊＊	
仕入債務の増加	＋＊＊＊	
法人税等の支払額	－＊＊＊	
営業活動によるキャッシュフロー	（Ⅰの合計）…①	
Ⅱ　投資活動によるキャッシュフロー		**投資CF** どれだけ投資したか
有形固定資産の購入	－＊＊＊	
有形固定資産の売却	＋＊＊＊	
有価証券の購入	－＊＊＊	
有価証券の売却及び満期償還	＋＊＊＊	
投資活動によるキャッシュフロー	（Ⅱの合計）…②	
Ⅲ　財務活動によるキャッシュフロー		**財務CF** お金をいくら借り、いくら返したか
借入金の増加	＋＊＊＊	
借入金の返済	－＊＊＊	
財務活動によるキャッシュフロー	（Ⅲの合計）…③	
Ⅳ　現金及び現金同等物の増加額	（①＋②＋③）…④	3つのキャッシュフローの合計（1年間のお金の動き）
Ⅴ　現金及び現金同等物期首残高	⑤	期首時点の手元の現金
Ⅵ　現金及び現金同等物期末残高	④＋⑤	期末時点の手元の現金

（左側注記）
- 血液を作れている？
- 血液を使い身体を作っている？
- 輸血や献血をしている？

血流チェックには"3つの視点"がある！

　それではキャッシュフロー計算書のひな形を見てみましょう。先の2表と同じく、細かい項目は置いておき、全体を見渡します。

　ⅠからⅥまで、大きく6つのかたまりがあります。
　このなかのメインは、Ⅰ～Ⅲの３つのキャッシュフロー。それぞれ頭に「営業」「投資」「財務」とありますね。
　これが、キャッシュフローを見るときの視点になります。

　上から順に項目を見ていくと、税引前当期純利益、売上債権の増加、…など、先の2表にも出てきた名前がチラホラありますね。
　でも、右側の金額欄を見ると、＋や－の記号がついています（実際はマイナスを△で表します）。キャッシュフロー計算書では、損益計算書や貸借対照表とは異なり、あくまで現金の流入・流出を記録します。＋なら、現金が会社に入ってきたことを、－なら、会社から出ていったことをそれぞれ表します。

　なお左表の色部分は各キャッシュフローの合計。そしてⅣは、Ⅰ～Ⅲの合計で、この1年の現金の出入りを示します。
　Ⅴは期首時点での合計。ⅣとⅤを足すことで、期末時点でどれだけ現金が手元に残っているかを把握できます（Ⅵ）。

＊営業キャッシュフローの計算方法には、直接法と間接法がありますが、多くの会社が間接法で表示しているので、本書は間接法にのっとり説明しています

事業から現金を得ているかを調べる「営業CF」

　営業キャッシュフローは「**本来の事業から、どれだけ現金を得られたか**」を表しています。商品やサービスを販売し、費用を払ったあと、手元に十分な現金が残っているかをチェックします。

　血流にたとえれば、**営業キャッシュフローは「十分な血液を自分で作り出せているか」**を示すものです。

　人は貧血だと倒れてしまいますね。自分の身体で十分な血液を作らなければなりません。そのため**営業キャッシュフローは、一般的に多ければ多いほどいいとされます。**本業で稼げる会社を意味するからです。逆にマイナスだと、その会社は活動するほど現金が出ていくことを表しています。これが続くと出血多量で倒れてしまいます。つまり倒産です。

　本業での稼ぎというと、損益計算書の営業利益に似ている感じがしますね。しかし繰り返しになりますが、損益計算書は発生主義に基づいています。実際に現金を獲得できたかはわかりません。

　p90のひな形で、主な項目を見てみましょう。

　理由は複雑なので本書では省きますが、通常、税引前当期純利益から始めます。そこから、売上と現金の流入にズレが生じる売上債権や、実際にはお金が出ていかない費用の減価償却費などが、どれだけあるかをプラス・マイナスで表します。

　そうすることで、実際の手元の現金を調べるのです。

　ただ実際、経理にたずさわらない人は、この項目を一つひとつ

覚える必要はありません。営業キャッシュフローの合計が、何を意味するのかイメージできれば大丈夫です。

```
┌─ プラス ──────────────┐    ┌─ マイナス ─────────────┐
│ 営業キャッシュフローが ⊕ とは… │    │ 営業キャッシュフローが ⊖ とは… │
└────────────────────┘    └────────────────────┘
```

事業で現金を得ている
（血液を作り出せている）

事業で現金が出ていく
（作り出せていない）

どれだけ投資しているかを見る「投資CF」

　第2の視点、投資キャッシュフローは**「将来のために、どれだけお金を使っているか」**を表します。人の血流にたとえれば**「将来のために血を使って筋トレをしているかどうか」**です。

　会社はより成長するために、新しい設備や工場などを手に入れます*。10人の会社が100人になれば、新たなオフィスやパソコンが必要でしょう。このような投資活動におけるお金の動きをチェックします。

　ここで注意したいのが、**成長している会社の投資キャッシュフローは、通常マイナスになること**。資産を購入した分（筋トレを

＊これらは売上を生み出す筋肉、固定資産でしたね（→ p 68、75）

した分)、会社からお金(血液)が出ていくからです。

　逆に、投資キャッシュフローがプラスなら、会社が持っていた工場や土地、株や債券などを売り、お金を得たと考えられます。筋肉を削り、血にかえているイメージです。

　とくに本業での資金不足をカバーするために、資産を売っている場合は要注意。この状態が何期も続くと危険です。

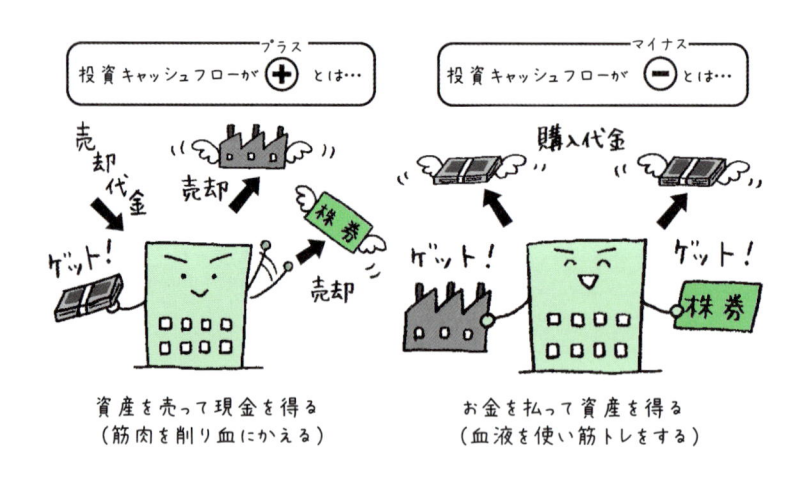

投資キャッシュフローが ➕ とは…
資産を売って現金を得る
(筋肉を削り血にかえる)

投資キャッシュフローが ➖ とは…
お金を払って資産を得る
(血液を使い筋トレをする)

お金の貸し借りのようすを見る「財務CF」

　第3の視点、財務キャッシュフローは**「会社がどれだけお金を借りたか、あるいはどれだけ返済したか」**を表します。人にたとえると**「体内の血液を増やすために輸血したか、あるいは十分に血があるので献血したか」**を示しています。

　筋トレが激しすぎると、自分で作り出せる血液だけでは酸素や栄養が全身にいき届かなくなりますね。会社も自分で作り出せる営業キャッシュフロー以上に投資しすぎると、お金が足りなくな

ります。それを補うお金が入ってきているか（あるいは、借りていたお金を返しているか）をチェックします。

銀行からの借り入れや返済のほかに、株や債券の発行、払った配当金にともなうお金の動きが記されます。

営業キャッシュフローがプラスで、手元に十分なお金があれば借りる必要はありません。その場合の財務活動は、借金の返済や配当金の支払いが中心。そのため業績がよければ、財務キャッシュフローは基本的にマイナスです。

ただしプラスでも、より成長しようと、自分のお金だけでなく、人から借りてでも投資している会社かもしれません。

したがって、**財務キャッシュフローを見るときは、営業CF、投資CFと合わせて確認することが大切**です。

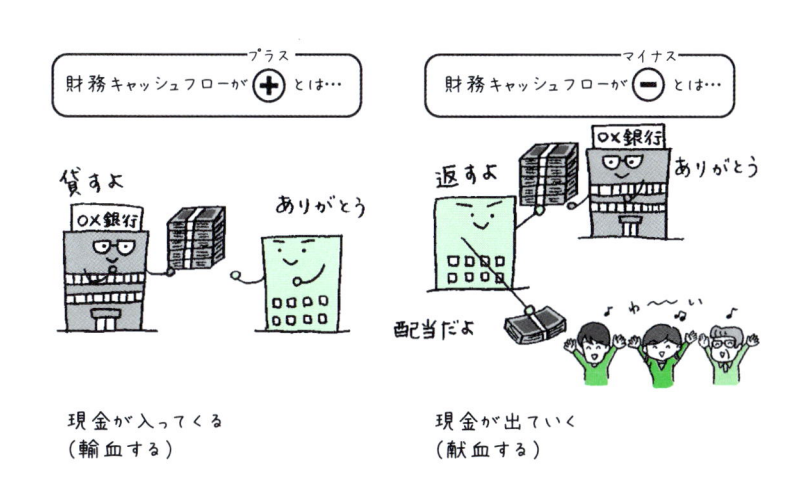

財務キャッシュフローが ⊕ とは…
貸すよ　ありがとう
現金が入ってくる
（輸血する）

財務キャッシュフローが ⊖ とは…
返すよ　ありがとう
配当だよ
現金が出ていく
（献血する）

5章のまとめ
キャッシュフロー計算書のイメージ

- 3つのキャッシュフローから、1年間の「現金」の動きを記録するのがキャッシュフロー計算書。人にたとえると…

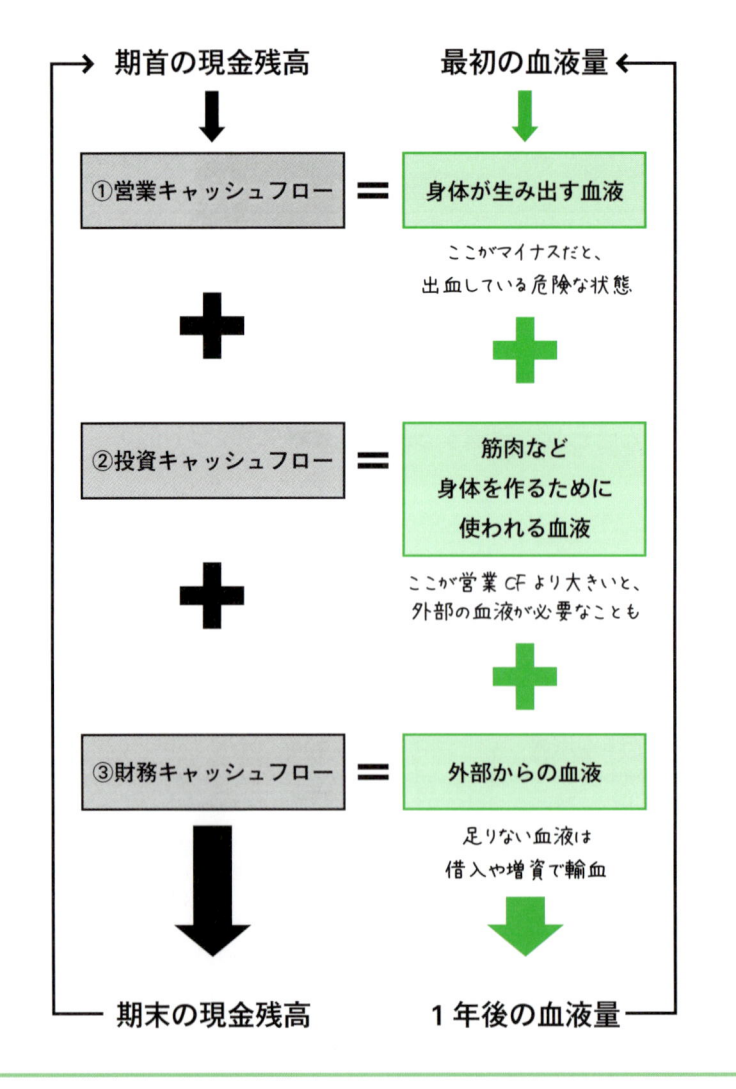

期首の現金残高	最初の血液量
↓	↓
①営業キャッシュフロー	＝ 身体が生み出す血液

ここがマイナスだと、出血している危険な状態

＋

| ②投資キャッシュフロー | ＝ 筋肉など身体を作るために使われる血液 |

ここが営業CFより大きいと、外部の血液が必要なことも

＋

| ③財務キャッシュフロー | ＝ 外部からの血液 |

足りない血液は借入や増資で輸血

↓

| 期末の現金残高 | 1年後の血液量 |

分析！収益性の話
〜儲ける会社は、ココが違う！〜
分析編

6

6-1 決算書の分析でアレもコレもわかる！

そうだったのか！ 分析には3つの「視点」と、4つの「方法」がある！

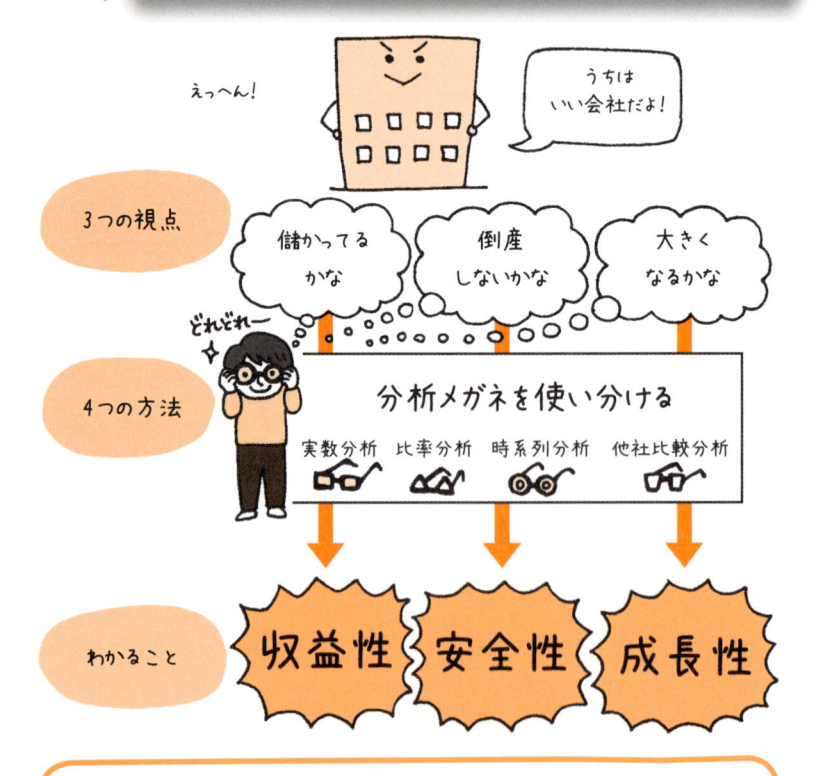

えっへん！
うちはいい会社だよ！

3つの視点
- 儲かってるかな
- 倒産しないかな
- 大きくなるかな

どれどれー

4つの方法
分析メガネを使い分ける
実数分析　比率分析　時系列分析　他社比較分析

わかること
収益性　安全性　成長性

ポイント
- たとえばA社とB社の収益性を比べるときは「比率分析と他社比較分析」のように、知りたいことに応じ4つの分析方法を組み合わせる！

分析のための3つの視点

5章までで、決算書の基本や会計ルール、損益計算書・貸借対照表・キャッシュフロー計算書（財務3表）の中身やしくみを見てきました。

しかし、せっかく学んだことも使えなくては意味がありません。

6章からは、これまで学んだことを使って、決算書から会社を分析する力をつけていきましょう。

とはいえ、決算書にはたくさんの数字が並んでいます。はじめは、頭がクラクラしてしまうかもしれません。

そこで**まず「何を知りたいのか」という分析の視点を確認しましょう。**あなたが会社について知りたいことはたぶん、

①「儲かっているのかな」
②「倒産の心配はないかな」
③「これから大きくなるかな」

などではないでしょうか。これらがまさに分析の視点です。

この3つを専門的にいうと、こうなります。

❶ 収益性の分析（儲かっているか）
❷ 安全性の分析（倒産しないか）
❸ 成長性の分析（大きくなるか）

この3つを調べるには、それぞれ異なる数字に着目します。6～8章で、ひとつずつくわしく見ていきましょう。

分析に必要な3Dメガネをかけよう

　見るべき3つの視点が定まりました。しかし、決算書の数字をじっと見ていても、何も浮かんできません。それは、まだどの数字をどのように読めばいいかわからないからです。

そこで、分析に使う「4つの分析方法」を紹介しましょう。

　分析の方法とは、たとえるならば平面の画像が立体的に見える3Dメガネのようなもの。これをかけると、決算書の数字から会社の姿が浮かびあがってきます。

　分析の方法には、以下の4つがあり、知りたいことに応じて、組み合わせます。

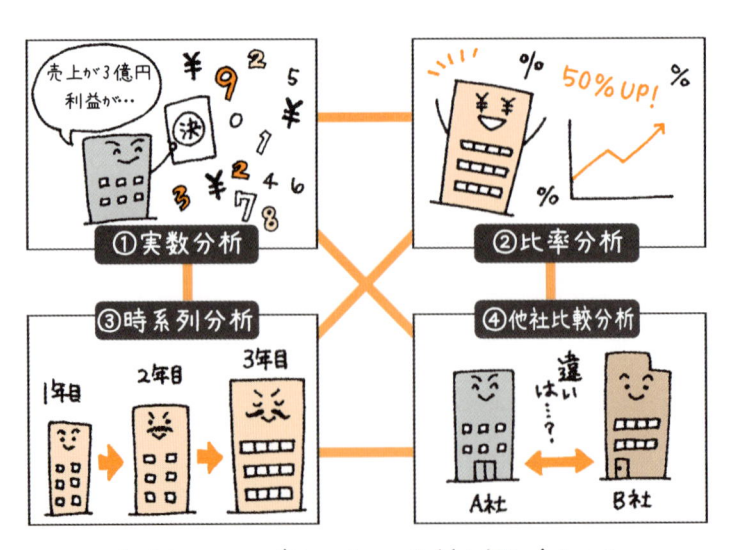

①実数分析　②比率分析　③時系列分析　④他社比較分析

知りたいことに応じて4つの分析を組み合わせる

分析で使うのはこの4つだけ！

①<mark>実数分析</mark>では、<u>決算書の数字そのものを見ます</u>。売上〇〇億円、資産△△億円などの金額から、<u>会社の規模がわかります</u>。

②<mark>比率分析</mark>とは、いくつかの数字を掛け合わせて、パーセントで見る手法です。<u>簡単にいうと「〇〇の割合」です</u>。同じ100万円稼ぐのに、50万円の費用がかかるのと、10万円しかかからないのでは儲かる率が違いますね。ざっくりいうとこういう割合がわかります。<u>比率分析は、決算書分析の基本といえます</u>。

③<mark>時系列分析</mark>は、数字を過去何年間かにわたって比較する方法。会社の数字も健康診断と同様、<u>昔から今までの変化を追いかけてみると、良くなった点、悪くなった点がわかります</u>。

④<mark>他社比較分析</mark>とは、調べたい会社を、主に同業他社と比較する方法です。自分の身長が伸びても、ほかの人はもっと伸びているかもしれません。会社を見る場合も、<u>自社だけでなくほかの会社と比べてみることで、本当にいいのかどうかわかるのです</u>。

ただし、決算書の数字は、業界によって特徴があるので、業種が違うと純粋な比較はしにくくなります。半面、異業種間で比較をすると、それぞれの特色がわかって面白い発見ができます。あとで、異業種間の比較もわかりやすく説明します。

6-2 収益性 まずはココを見る!

そうだったのか!

儲けの「額」ではなく、「売上の割にどうか」に注目!

Aさん
コーヒー売り値 400円
コーヒー豆1杯分の仕入値 80円
¥ 儲け率は?
損益計算書

バッグ売り値 2000円
仕入値 1600円
¥ 儲け率は?

Bさん
損益計算書

業種によって、費用の構造が違う

ポイント
- 損益計算書の売上と利益に着目し、比率(利益率)で考える。
- とくに重要なのは、ズバリ営業利益率!

そもそも収益性って何?

基礎編で人にたとえて説明した際、売上は「どれだけ手足を動かしたか」、利益は「どれだけ前に進んだか」であるといいました（→p30）。**ふつうの人と選手では、同じ運動量でも前に進めた距離（運動成果）には差が出ましたね。**

これこそが収益性の分析です。前に進めた距離が大きければ収益性が高く、少ししか進めなければ収益性は低いのです。じつはこのとき比率分析のメガネを使って、売上に対する利益の割合（売上高利益率といいます）を見ていました。

利益には売上総利益、営業利益、経常利益、税引前当期純利益、当期純利益の5段階がありましたね（→p44）。ここから**5つの売上高利益率**を出せます。そのうち分析において重要なのは、売上総利益率（粗利率）、営業利益率、当期純利益率の3つで、とくに**本業での収益性を示す営業利益率がもっとも大切です。**

```
売上総利益率（粗利率） ＝ 売上総利益 ÷ 売上高 × 100
営業利益率        ＝ 営業利益  ÷ 売上高 × 100
当期純利益率      ＝ 当期純利益 ÷ 売上高 × 100
```

喫茶店と雑貨店、どっちが儲かる?

仲のいいAさんとBさんが、それぞれ事業を始めました。Aさんは喫茶店、Bさんは雑貨店です。同じ街で同じ広さの店舗を借

りて同時にオープンしました。さてどちらが儲かるでしょうか（なお、この比較では考えやすくするため話を単純化しています。そのためそれぞれの業種の実態を反映したものではありません）。

　これだけの条件では、どちらが儲かるかはわかりませんね。では、売上はどちらが多くなるでしょう。売上を分解するとイメージしやすくなります。

$$売上 = 客数 × 顧客単価　（または　販売数量 × 単価）$$

　客数は、お客さんがくつろぐ喫茶店よりも、雑貨店のほうが多くなりました。また顧客単価も、1杯数百円の喫茶店より雑貨店のほうが高くなりました。その結果、年間の売上高は、喫茶店が500万円に対して、雑貨店が1000万円と2倍になりました。

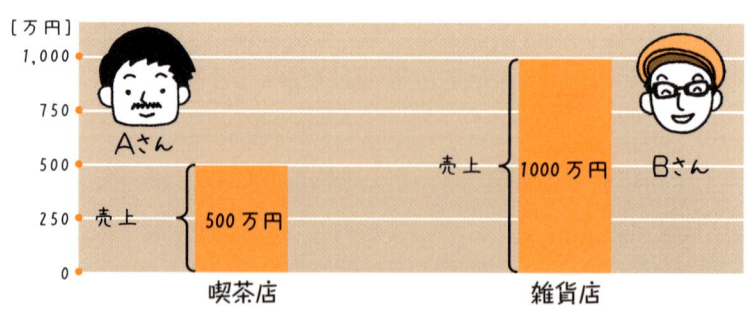

[グラフ：Aさん 喫茶店 売上500万円／Bさん 雑貨店 売上1000万円]

　しかしこれだけで、雑貨店のほうが儲かるとはいえませんね。そうです、売上には影法師のように費用が発生するからです。

　最初の費用は売上原価です。喫茶店のコーヒー豆は1杯あたり数十円。これを数百円のコーヒーにして売るので、結構儲かりそうですね*。一方雑貨店は、仕入れた商品に1〜2割程度金額を上乗せして販売するので、商品ごとの原価が高くなりそうです。

＊砂糖やミルク代などは無視しています

分析！収益性の話 〜儲ける会社は、ココが違う！〜 6

大切なのは営業利益率！

売上に占める原価の割合を**原価率**といいます。原価率は低いほうがいいのはわかりますね。これを調べてみると、喫茶店は20％で、雑貨店は80％もありました。

原価率の逆、売上に占める粗利益の割合が**売上総利益率（粗利率）**です。粗利率は喫茶店が80％、雑貨店が20％となります。

金額ベースでは、喫茶店が400万円、雑貨店は200万円です。

Bさんの雑貨店は売上こそ多かったものの、売上総利益では逆転されました。

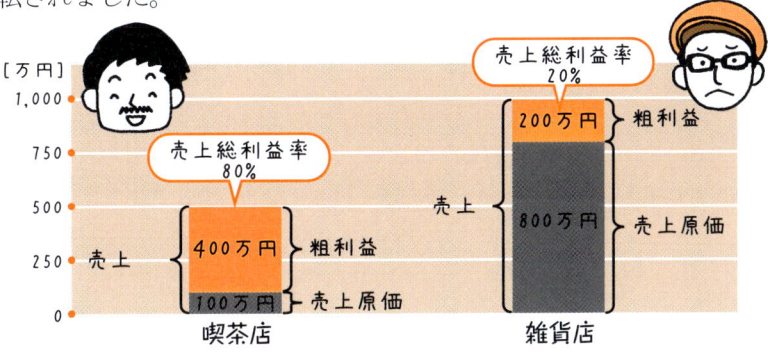

[万円]
1,000
750
500
250
0

売上総利益率 80％
売上
400万円 粗利益
100万円 売上原価
喫茶店

売上総利益率 20％
200万円 粗利益
売上
800万円 売上原価
雑貨店

しかしここで重要なのは「売上総利益率（粗利率）は業種で大きな差が出る」ということ。

粗利率だけ見ると、喫茶店は雑貨店より儲かりそうですが、費用はまだありますね。販管費です。喫茶店は雑貨店に比べて、設備やインテリア代、人件費、光熱費など原価以外の費用がたくさんかかるのです。

売上に対する販管費の割合を**販管費比率**といいます。調べてみると、雑貨店が10％しかないのに、喫茶店は60％にもなりまし

た。そのため、販管費を引いた本来の儲けである営業利益を比べると、喫茶店と雑貨店は同じ100万円となりました。

これを営業利益率で見ると、喫茶店が20％で雑貨店が10％。まだAさんの喫茶店のほうが収益性は高いですね。しかしその差は、粗利率より小さくなりました。

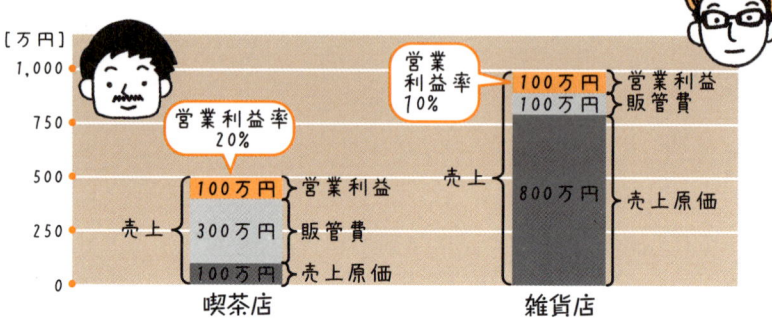

[万円]

営業利益率 20％
喫茶店：売上 500万円　営業利益 100万円／販管費 300万円／売上原価 100万円

営業利益率 10％
雑貨店：売上 1,000万円　営業利益 100万円／販管費 100万円／売上原価 800万円

粗利率は業種が違えば大きく異なります。それに対し営業利益率は、経費を含めた事業そのものの儲けなので、その会社の実力がよくわかるのです。

なお利益率はさらに、経常利益率、税引前利益率、当期純利益率と順に計算できます。しかしこれらは金利や一時的な損益、税金なども加味した利益なので、事業以外の原因も入ってきます。<u>そのため事業そのものの収益性を示す営業利益率が重要なのです。</u>

● 営業利益率はどれくらいあればいいの？

ところで、営業利益率は業種によってどれほど違うのでしょう。

財務省が毎年発行する法人企業統計によると、通常、製造業は4～5％、非製造業は2～3％で推移しているようです。とくに、製造業のなかでも鉄鋼や化学は高く、8～10％もある一方、非製造業のなかでもっとも低い小売業は、わずか1％程度です。

そのため営業利益率は、まず同じ会社を時系列で分析します。また、その会社の収益性に問題がないかを知るためには、同業の他社と比較します。

売上のカラクリ

いまの例で、業種によって売上の性質が違うことが感じられましたか？ ここで少し「売上とは何か」を考えてみましょう。

製造業の売上は、材料を仕入れ、さまざまな工程を経た製品を売って得られます。一方、小売業の売上は、仕入れた商品を転売することで生まれます。

テレビを例に見てみましょう。メーカー（製造業）が売上を得るには、長い開発期間を経てから、材料調達、組み立て、検査、出荷、宣伝など、多くの手間が必要です。

一方、量販店（小売業）がテレビの売上を出すには、商品を仕入れて店頭に並べて、お店の宣伝をして、販売員が商品説明をします。同じテレビの売上でも、メーカーと量販店では手間が違いますね。会社は、売上の元になる費用や、生み出している価値に見合った利益を得ています。**メーカーは1台1台に高い付加価値をつけて高利益を得て、量販店は利益率は低いですが、商品を大量に売ることで利益を稼いでいるのです。**

6-3 投資のプロは ココを見ている!

> そうだったのか!
>
> **身体の大きさを十分生かしているかが重要!**

【喫茶店】
Aさん:「お店に600万円かけて100万円の利益」

【雑貨店】
Bさん:「お店に400万円かけて100万円の利益」

より少ない資産で多くの利益をあげられるかが経営者の腕の見せどころ!

ポイント
- 損益計算書の売上と利益の比率だけでなく、貸借対照表もからめた数字で見る
- 資産や株主のお金を効率よく使っているか見る

＊経営分析では「資産」を「総資産」ということがあります。また、貸借対照表の負債（他人資本）と純資産（自己資本）を足したものを総資本と呼び、厳密に

資産を上手に使えたかを見る「総資産利益率」

　6章の2の「収益性　まずはココを見る！」では「売上に対してどれだけ利益があるか」に着目しました。しかし、じつは大切なものを見落としていたのです。それが、資産の大きさです。

　たとえるなら、走る人の手足の動きや、進んだ距離だけを見て、走っている本人の身体の大きさを無視していたのです。100メートル走で、大人と子どもが同タイムだとしたらどうでしょう。大人は面目が立ちませんね。

　これは会社も同じ。<u>収益性の視点では、同じ利益を生み出すのに、どれだけの資産を使ったかをチェックすることも大切です。</u>

　会社はふだん、集めたお金（資本）で設備などの資産を買い、その資産を使い売上を生み、利益を出します。<u>会社の収益性も、この「資本⇒資産⇒売上⇒利益」の流れでとらえることが重要。</u>

　このうち、6章の2で見落とした資産の大きさに対する利益率を表すのが**総資産＊利益率（ROA　アールオーエー）**です。

再び資本に

資本　→　資産　→　売上　→　利益

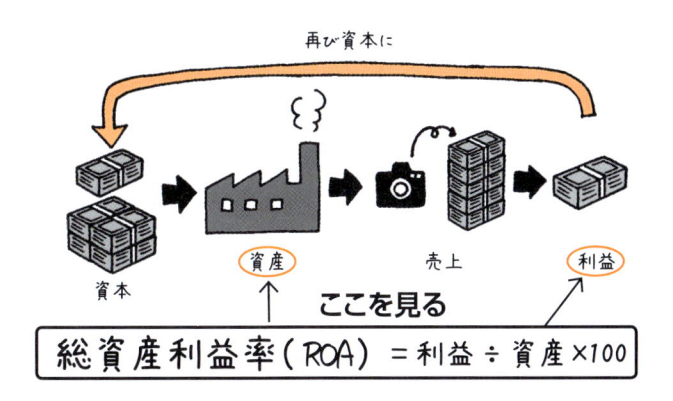

ここを見る

総資産利益率（ROA）＝利益÷資産×100

は異なりますが、総資産の金額とほぼ一致します。ちなみにROAはReturn on Assetの略

先ほどの喫茶店と雑貨店の例に戻り、ROA（資産に対する利益率）を見てみましょう。まず資産の大きさです。

喫茶店にはイスやテーブルのほかに調理器具やおしゃれなインテリアなどが必要ですが、雑貨店は商品を並べる棚があればとりあえず営業できるでしょう。

調べたところ、喫茶店には雑貨店の1.5倍の資産がありました。営業利益率は喫茶店のほうが高かったですが（→ p 106）、資産に対する利益率はどうでしょうか。

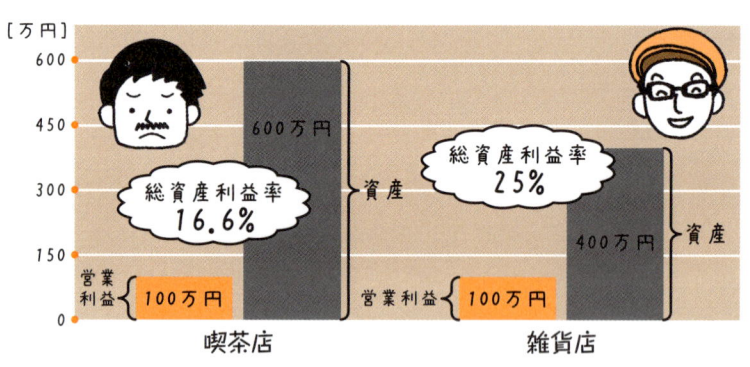

[万円]

	喫茶店	雑貨店
資産	600万円	400万円
営業利益	100万円	100万円
総資産利益率	16.6%	25%

雑貨店の総資産利益率が25％で、喫茶店の16.6％を上回りました。つまりBさんのほうが、資産を効率よく使っていたのです。もし、BさんがAさんと同じ600万円でもっと大きな雑貨店を開いたなら、150万円の利益（600万円×25％）を稼げたと考えられるのです。このように、**ROAは経営者が資産をどれだけ上手に使っているかを表しています**＊。

自己資本の使い方を見る「自己資本利益率」

ここまでは経営者の立場で利益を考えました。今度は投資家の

＊ROAの計算で使う「利益」は、本業の儲けだけを見たいなら営業利益、最終的な儲けを見たいなら当期純利益、と使い分けます

立場で見てみましょう。**投資家（株主）が経営者を評価する最大のポイントは、自分が出したお金をどんな資産に換え、どれだけ利益を出せるかです。**その視点で見たのが**自己資本利益率**[*1]（**ROE**　アールオーイー）です。ROAが資産（＝負債＋純資産）における利益を見たのに対し、ROEは自己資本（＝純資産）における利益です。

　仮にある会社のROEが、わずか1％だったとします。そのとき、国債の金利も1％ならどうでしょう。成功するかどうかわからない事業に投資するのも、国債を買うのも同じ利益です。それならより安全な国債を選びますよね。あるいは、もっと儲けて、リターンをくれそうな会社に投資するかもしれませんね。

　このように投資家の立場でいえば、自分たちのお金（自己資本）が有効に使われているかを示すROEは重要な指標です。

「資産を使って効率よく利益をあげる」や「株主から集めたお金を上手に使う」といった目的は、どんな業種でも同じです。つまり、ROAやROEは業種を越えて比較可能な指標なのです。ですから、投資のプロはとても重視しています。

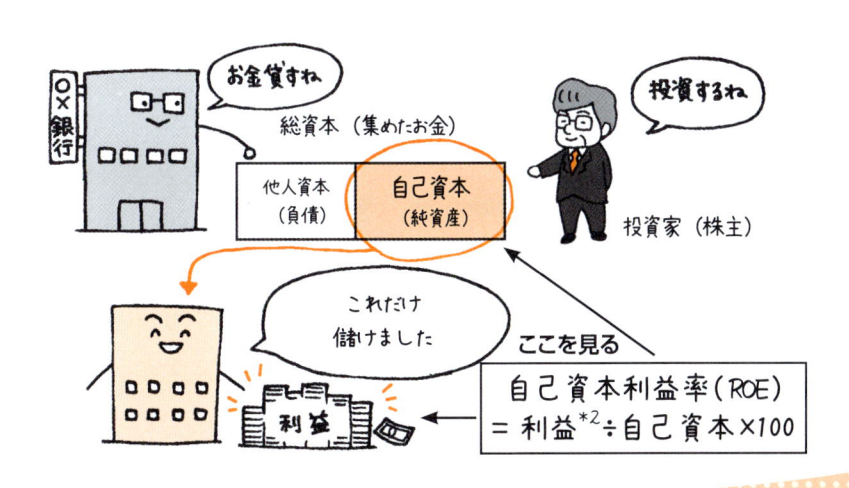

自己資本利益率（ROE）＝ 利益[*2] ÷ 自己資本 × 100

※1　株主資本利益率ともいいます。ROEは Return on Equity の略
※2　一般的に株主にとっての利益とは、最終的な利益すなわち「当期純利益」のことなので、通常ROEはでは「利益＝当期純利益」です

「総資産回転率」で資産の効率活用度をチェック！

　ところで、雑貨店が喫茶店よりROAが高いのはなぜでしょう。ROAは持っている資産で、どれだけの利益をあげているかを見る指標でしたが、これには利益の元になる売上が関係してます。雑貨店は、喫茶店より資産が小さい割に大きな売上も出していたのです。

　このように、持っている資産がどれほどの売上を生み出しているかを見る指標を**総資産回転率**といい、会社が1年間に資産の何倍の売上を出せたかを表します。

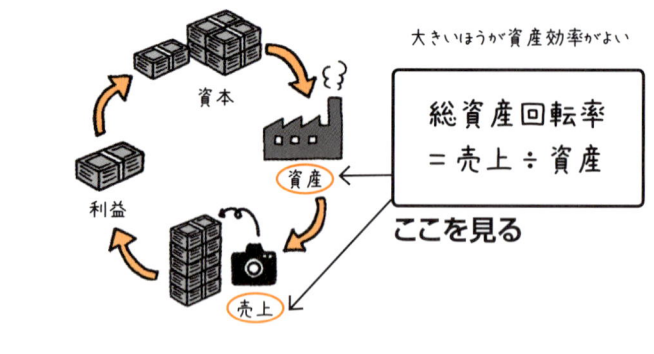

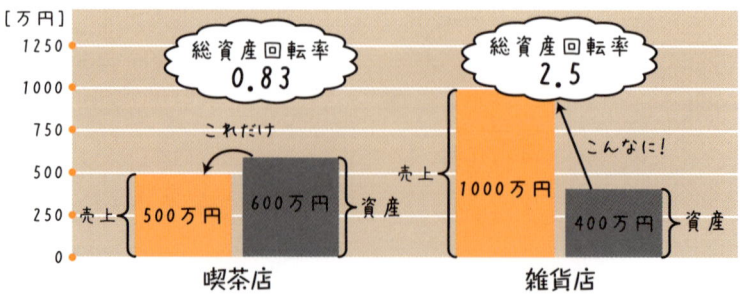

大きいほうが資産効率がよい

総資産回転率
＝売上÷資産

ここを見る

[万円]

総資産回転率
0.83

これだけ

喫茶店　売上 500万円　資産 600万円

総資産回転率
2.5

こんなに！

雑貨店　売上 1000万円　資産 400万円

　雑貨店の回転率は喫茶店の3倍以上。雑貨店は利益だけでなく売上という点でも、それだけ資産を有効活用しているといえます。

総資産利益率は万能選手！

6章の2からここまでの資産・売上・利益にかかわる指標をひとつの図にまとめてみると、下のようになります。

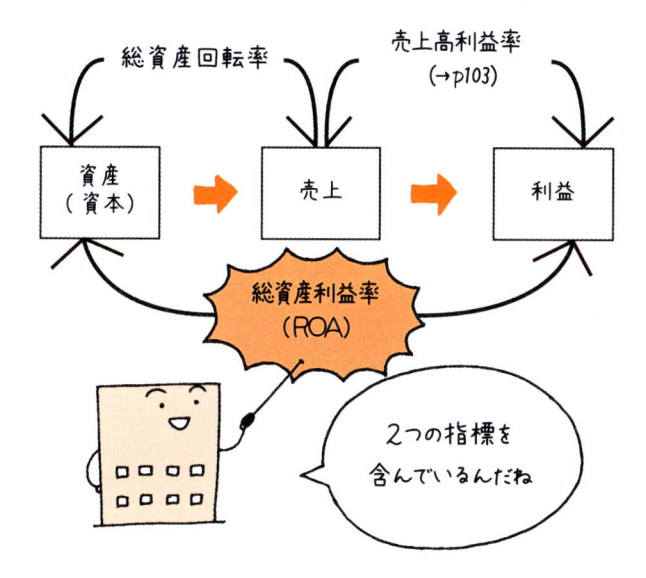

総資産回転率
売上高利益率（→p103）

資産（資本） → 売上 → 利益

総資産利益率（ROA）

2つの指標を含んでいるんだね

「利益÷資産」の総資産利益率（ROA）は、総資産回転率と売上高利益率を含んでいる万能選手といえるでしょう（また株主の視点に絞ればここからROEも計算できます）。

雑貨店と喫茶店の指標をまとめたのが下の表です。トータルでは、総資産利益率（ROA）で勝っているBさんのほうが効率のよい経営をしているといえます。

	総資産利益率	総資産回転率	売上高利益率
喫茶店（Aさん）	16.6%	0.83	20%
雑貨店（Bさん）	25%	2.5	10%

※ここでは、利益を営業利益で計算しています

6-4 なぜうちの会社の給与は低い?

そうだったのか! 会社が生み出す付加価値が低ければ、給与は少ない!

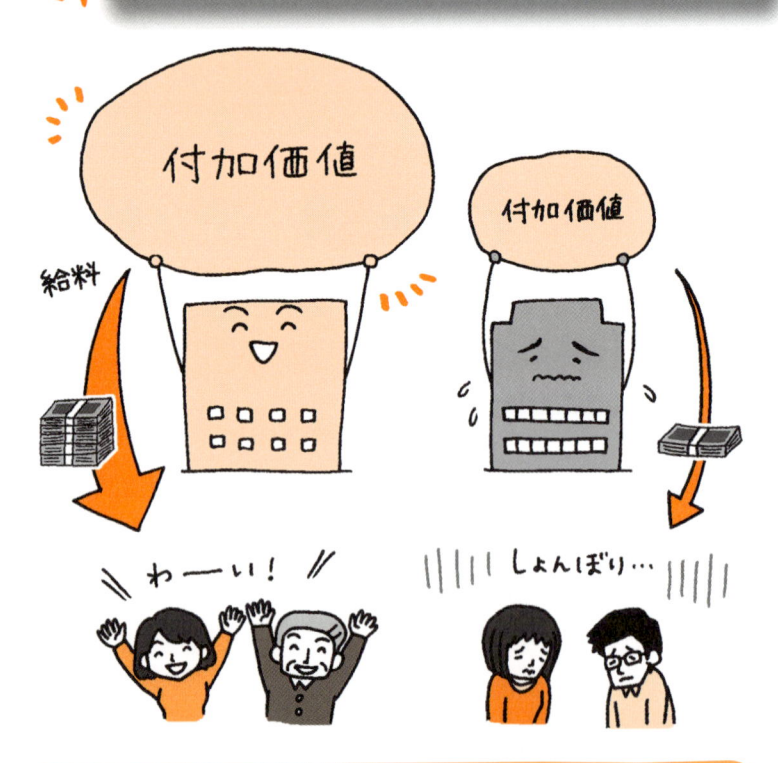

付加価値

付加価値

給料

わーい!　　しょんぼり…

ポイント
- どんな会社も給与の源泉となるのは付加価値の額
- ただし、付加価値のうちどれくらいを給与に回すかは、経営者しだい

決算書を通して給与を見る

　ここまでは、経営者と投資家側から会社の収益性について見てきました。今度は、従業員の側から見てみましょう。
　ところで、あなたは今の給与に満足していますか。一般的には、**給与の額と会社の収益性は密接にかかわっているものです。**
　では、給与の高い会社と低い会社の違いは何なのでしょうか。ここではそれを探ってみます。

　そもそも給与とは、私たちの仕事の価値に対して会社が支払うお金です。会社が、知恵やモノ、技術を使って新たに生み出した価値を**付加価値**といいますが、これが給与の源泉です。
　付加価値は単純にいえば、自社の売上から、材料費、外注費、光熱費、消耗品費などの「他社（外部）から購入した価値」を引いたものです。たとえばテレビのメーカーなら、製品であるテレビの売上から、他社から仕入れたパネルや電子部品などの材料費を除いたものが付加価値となります（なお、計算を楽にするために、外部に支払っていない人件費を本業の儲けである営業利益に足し戻してもざっくりとした付加価値は出せます）。

付加価値 ＝ 売上 － 他社から購入した価値※
(※材料費＋外注費＋光熱費＋消耗品費＋保険料など)

または

付加価値 ＝ 営業利益 ＋ 人件費　　でも大雑把にわかる

付加価値の高い仕事、してますか?

では、付加価値を具体的に見てみましょう。

それにはまず、売上に占める付加価値の割合がポイント。次の**付加価値率**からわかります。

> 付加価値率（％） = 付加価値 ÷ 売上 × 100

ソフトウエア会社のように、他社から購入する割合が少ない業種は、一般的に付加価値率が高くなります。それに対し、小売業のように他社から商品を仕入れて売る会社は、付加価値率が低くなりがちです。これだけだと、ソフトウエア会社の給与のほうがよさそうですね。

しかし、ソフトウエア会社は開発のための時間や人手が膨大にかかります。

そこで、社員1人当たりがどれだけの付加価値を生み出しているか、を示す**労働生産性**が重要になります。

> 1人当たりの付加価値額（労働生産性） = 付加価値 ÷ 従業員数

一般的にはこの労働生産性の高さが給与に反映されるのです。

付加価値の高い仕事が報われない?

しかし、付加価値や労働生産性が高くても、それが給与に直結

するわけではありません。経営者は、会社が生み出した付加価値のうち、どれくらい給与に還元するか決められるからです。この割合を==労働分配率==といいます。

> 労働分配率（%）＝ 人件費（社員全体の給料）÷ 付加価値 × 100

給与として払われなかった付加価値は、債権者への利払いや税金の支払い、株主への配当などに使われ、残りは会社の内部にとどまります（これを==内部留保==といいます）。

内部留保は、現金のまま眠っているかもしれませんし、新たな投資に使われるかもしれません。しかしいずれにせよ、会社に蓄積された内部留保は、株主のもの。

その意味で、**従業員と株主の取り分は、相反関係（トレードオフ）にある**といえます。

ある半導体機器メーカーは、営業利益の一定割合を従業員の給与にする、とあらかじめ決めています。働く立場としては、成果をしっかり分配してくれる会社がいいですよね。

同業者、給与対決！

　実際に、大手アパレル2社の付加価値と給与の関係を見てみましょう。ユニクロを展開するファーストリテイリング（以下、FR社）と、有力ブランドを手掛けるオンワード（以下、O社）です。

2008年度（億円）＊	FR社	O社	
A　売上高	6,850	2,610	
B　営業利益	1,086	91	著しい差！
営業利益率（B/A）	15.9%	3.5%	
C　人件費	629	506	
売上高人件費率（C/A）	9.2%	19.4%	
D　付加価値（B+C）	1716	597	
付加価値率（D/A）	25%	23%	近い水準
労働分配率（C/D）	37%	85%	ここが違う！
E　正社員数（人）	11,037	2,473	
F　パート数（人）	13,992	14,954	
G　修正従業員数（E+F/2）（人）	18,033	9,950	
労働生産性（D/G）（万円）	951	600	
1人当たり人件費（万円）	349	509	

　まず目を引くのが、営業利益の大きな差。額はおよそ1000億円も違います。ただし、FR社とO社の売上高には約2.6倍もの差があります。こうした規模の違う会社を比べる場合に役立つのが比率分析です。営業利益率を見ると、FR社の15.9％に対して、O社は3.5％。4倍を超える差があることがわかります。

　この差の原因は売上高に占める人件費の割合（売上高人件費率）です。FR社の9.2％に対して、O社は19.4％と2倍以上。

＊数値はわかりやすくするために、元のデータを適宜四捨五入しています。そのため表内で計算が合わないことがあります（以下、同）

次に付加価値率を大雑把に計算してみましょう＊。FR社が25％、O社が23％と大きくは変わりません。営業利益はFR社のほうが10倍以上も多いのですが、**O社は営業利益の割に人件費が高い**のがその理由です。

1人当たりの付加価値額である労働生産性を見てみましょう。正社員より給与の少ないパートは0.5人として計算すると、FR社が951万円、O社が600万円と、FR社のほうが高くなります。

さらに労働分配率を見ると、FR社が37％、O社が85％と、O社のほうがかなり高くなります。その結果、1人当たり従業員給与（1人当たり人件費。労働生産性×労働分配率）はFR社が349万円、O社が509万円となるのです。

これだけ見るとO社は従業員に手厚い会社だと思えます。しかし見方をかえればFR社は、少ない人件費で効率よく事業を行い、高成長と高収益を達成した、ともいえるのです。

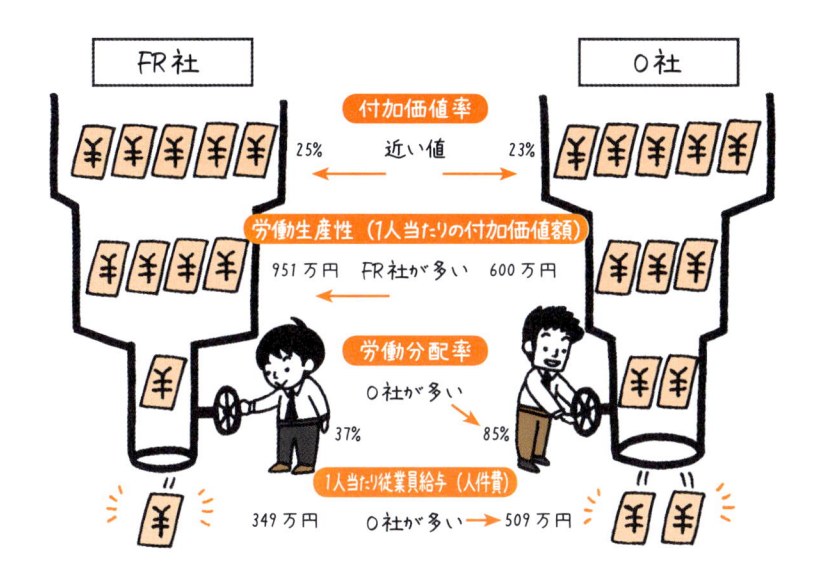

＊p115の「付加価値＝営業利益＋人件費」で付加価値を算出。それを売上で割っています

65 喫茶店と雑貨店、利益はどっちが安定してる?

そうだったのか! 固定費が少ない雑貨店のほうが、利益は安定する

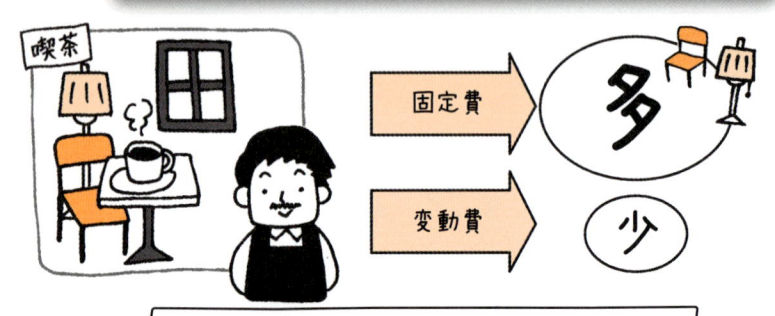

【喫茶】
固定費 → 多
変動費 → 少
固定費の割合多い → 利益のブレ大

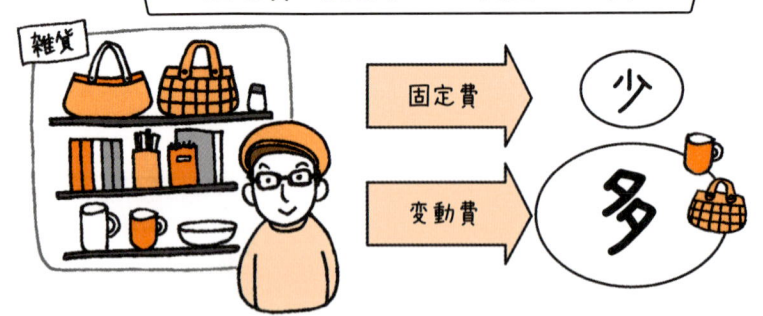

【雑貨】
固定費 → 少
変動費 → 多
固定費の割合少ない → 利益のブレ小

ポイント
- 費用は変動費と固定費に分けて考える
- 固定費はテコの働きをする
- 売上原価は変動費、販管費は固定費の性格が強い

なぜ利益は売上以上に変動する？

　決算の時期になると「○○社の売上高は前期より10％アップ」「△△社は5％の減収」などのニュースを耳にすると思います。

　会社の売上は、毎年同じとは限りません。人の身体のように、好不調があるのです。6章の最後に、こうした調子が、会社の利益に与える影響について見てみましょう。

　再び喫茶店と雑貨店の例です。

　ある年の利益はどちらも同じ100万円だったとします。その翌年の売上は、好調な場合と不調な場合で上下20％変動するとします。その場合、それぞれの利益はどうなるでしょうか。

（単位：万円）

	喫茶店	雑貨店
売上	500	1,000
(-) 原価	100	800
(-) 販管費	300	100
利益	100	100

好調時

	喫茶店	雑貨店
売上	600	1,200
(-) 原価	120	960
(-) 販管費	300	100
利益	180	140

喫茶店がより儲かる

不調時

	喫茶店	雑貨店
売上	400	800
(-) 原価	80	640
(-) 販管費	300	100
利益	20	60

喫茶店がより厳しい

　好調時の売上の伸びは、喫茶店が＋100万円、雑貨店が＋200万円でした。一見、雑貨店のほうが儲かったように思えますが、利益は喫茶店が＋80万円に対し、雑貨店は＋40万円だけ。

一方不調時の売上は、喫茶店が－100万円、雑貨店が－200万円です。しかし利益は、喫茶店が－80万円なのに対し、雑貨店は－40万円で済んでいます。
　つまり**喫茶店のほうが好調時は儲かるものの、ダメだった場合の利益の落ち込みが激しい**のです。両者を単純に比べれば、喫茶店はハイリスク・ハイリターンで、雑貨店はローリスク・ローリターンといえます。なぜ、このような違いが出るのでしょう。

固定費が大きいとハイリスク・ハイリターンに！

　そのカラクリは、費用の種類にあります。
　3章でも少し触れましたが（→p 58）分析の際、費用を変動費と固定費に分けて考えることが大切です。
　材料費や仕入れコストなどの売上原価は、売上の増減に比例する変動費的性格の強い費用でしたね。一方、営業などの人件費や広告宣伝費などの販管費は、売上に関係なく生じる固定費的性格の費用でした。喫茶店は変動費が少なく固定費が多く、雑貨店はその逆です。
　固定費が多いと、売上の上下に対して利益のブレ幅が大きくなります。つまり**固定費はテコの働きをする**のです。それを示したのが右のグラフです。

　グラフの売上のラインが、固定費＋変動費のラインよりも上になれば、その差が利益になります。逆に、下になると、その差が損失になります。そして2つのラインが交差する点で、売上と費

用が等しくなります。これを**損益分岐点**と呼びます。

　仕事でよく「採算が取れる（取れない）」といいますが、損益分岐点がまさにこの境い目です。ここから会社が利益を出すには、売上がいくら必要かがわかるのです。

　収益性を上げようと思ったら、この損益分岐点を下げればいいのです。より少ない売上で、利益が出せます。そのために効果的なのは、固定費を下げることです。

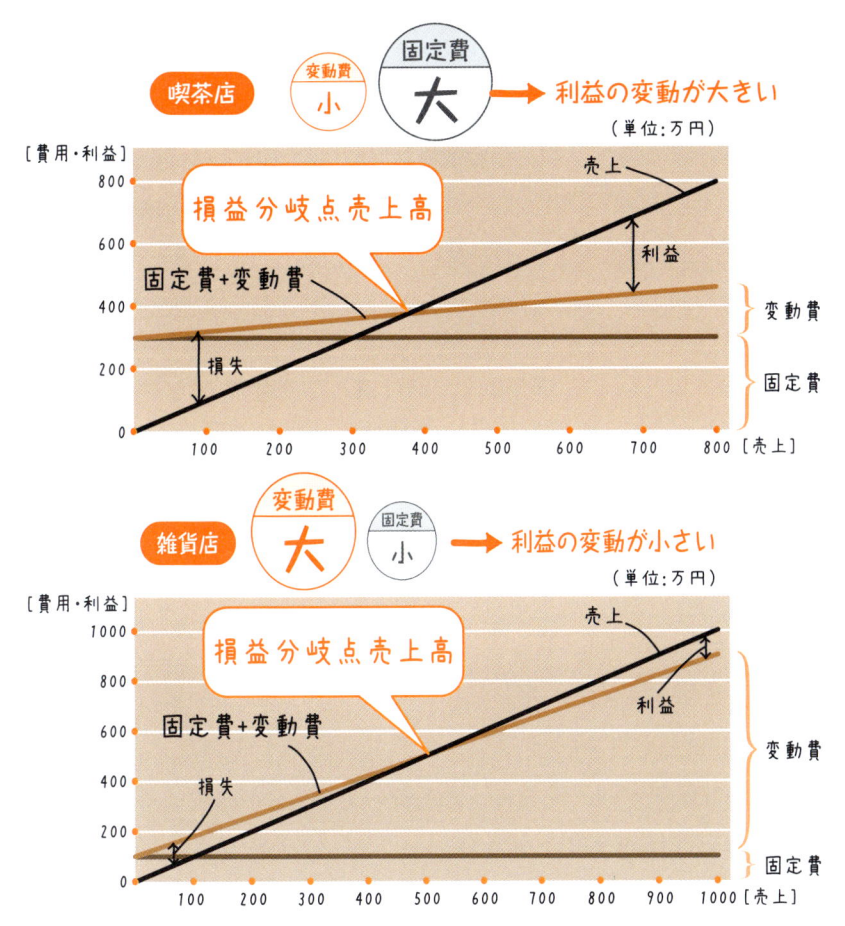

喫茶店　変動費 小　固定費 大　→ 利益の変動が大きい
（単位:万円）

雑貨店　変動費 大　固定費 小　→ 利益の変動が小さい
（単位:万円）

トヨタが59年ぶりの赤字になった理由(ワケ)

少し前の話ですが、2008年に深刻化したサブプライム問題で、世界経済は急減速。それまでのぼり調子だった日本も大きな打撃を受け、多くの会社が赤字になりました。財務省の「法人企業統計調査」によると、08年度（09年3月期）の会社全体の売上は前年より約5％の減少でとどまったものの、営業利益はなんと43％も減少したのです。

世界的大企業であるトヨタ自動車ですら、この年の売上が22％減。前年度に2.3兆円もあった営業利益も赤字へと転落。短期間にこれほど業績が悪化するなど、誰が想像できたでしょう。

そのようすを決算書から、見てみましょう。

トヨタ自動車 （単位：兆円）

	05年度	06年度	07年度	08年度
売上高	21.0	23.9 ↑	26.3 ↑	20.5 ↓
（変化率）	13％	14％	10％	−22％
営業利益	1.9	2.2 ↑	2.3 ↑	−0.5 ↓
（変化率）	28％	31％	1％	−

それまでトヨタは、売上、営業利益ともに高成長を続けていました。しかし、リーマンショックがあった08年度の売上は、3年前の水準に逆戻り。営業利益にいたっては、3年前どころか実に59年ぶりの赤字です。営業利益が、ここまで落ちた原因は何でしょう。

*1 トヨタは金融事業も行っていますが、金融事業と車のような製造事業では原価の構造が異なります。そのためトヨタの決算書では原価を「製品原価」と「金融費用」のように2つに分けています。「製品売上」「製品粗利」はそれぞれ↗

営業利益の前に、粗利を見てみましょう。ちなみにトヨタは金融事業も行っているので、ここでは製品部門の数字だけを抽出します[*1]。

(単位：兆円)

製品部門 [*1]	06年度	07年度	08年度
製品売上	22.7	24.8	19.2
(ー)製品原価	18.4	20.5	17.5
(原価率)	81.0%	82.4%	91.1%
製品粗利	4.3	4.4	1.7 ↓
(製品粗利率)	19.0%	17.6%	8.9% ↓

ここで注目してほしいのは、08年度の製品粗利の額と比率です。大きく減っているのがわかります。

p122で、売上原価は変動費的性格の強い費用といいましたが、もし、原価がすべて変動費なら、売上の減少にともなって費用も減るため、粗利率は変わりません。しかし、実際の粗利率は、前年の半分ほどです。

これは、原価の一部が固定費だったことを表しています[*2]。工場の人件費や減価償却費などは、売上が減ってもあまり変わりません。そのため、利益を大きく減らす原因になるのです。

また当時、円高が進行しており、輸出のための費用が膨らんだことも原因としてあげられます。

製造部門での数字。なお販管費は分けることが難しいため分けていません
[*2] 通常売上原価は変動費的性格の強い費用ですが、100%変動費ではありません

販管費はすぐには減らしにくい

　08年度にトヨタの粗利は大きく減少したものの、それでもプラスを保っていました。しかし、営業利益で一気にマイナスになってしまいます。その理由を知るために、粗利と営業利益の間にある販管費に迫ってみましょう。

（単位：兆円）

	06年度	07年度	08年度
粗利	4.7	4.8	2.1
（ー）販管費	2.5	2.5	2.5
（販管費率）	10.4%	9.5%	12.3%
営業利益	2.2	2.3	-0.5
（営業利益率）	9.3%	8.6%	-2.2%

粗利は半減するも、販管費は変わっていない

大幅マイナス！

　販管費を見てください。これほど売上と粗利が減少したのに、販管費は変わっていません。それは販管費が売上に関係なくかかる固定費の性格が強いからです。売上が減っても、宣伝広告費や販売員の人件費などはすぐには減らせないのです。そのため、営業利益は赤字となってしまったのです。

　じつはトヨタはこの数年前から、高い成長を目指し、海外での設備投資を急拡大させていました。そうして固定費が膨らんだところに、金融危機が襲ったのです。

　歴史的な赤字を計上した08年度の翌年、トヨタの売上高はさらに8％減少。通常であれば、赤字幅が拡大してもおかしくあり

ません。しかし、次の表のとおり、営業利益は約6000億円増加して黒字に回復したのです。最後にそのウラ側を見てみます。

(単位：兆円)

	08年度	09年度	前年比
売上高	20.5	19.0	-8%
粗利	2.1	2.3	9%
(-)販管費	2.5	2.1	-16%
(販管費率)	12.3%	11.2%	
営業利益	-0.5	0.2	
(利益率)	-2.2%	0.8%	

> 売上の大幅減から1年遅れで削減

> 売上高は減少するも、企業努力で営業利益は黒字転換

　決算資料には、車の販売不振や円高による約7000億円のマイナスを、約1兆円もの原価の改善と固定費の削減、そして金融事業の約3000億円の黒字で十分にカバーしたとあります。この経営努力と手腕はさすがです。しかし、トヨタに限らず、固定費の削減は簡単なことではありません。削減策のなかには、期間工員（契約社員）や派遣社員の削減など"痛み"もあったのです。

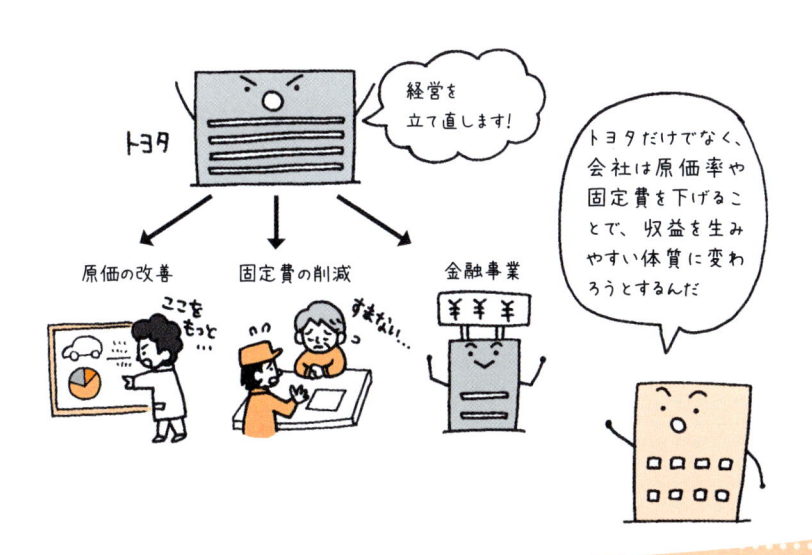

> 経営を立て直します！

トヨタ → 原価の改善／固定費の削減／金融事業

> トヨタだけでなく、会社は原価率や固定費を下げることで、収益を生みやすい体質に変わろうとするんだ

6章のまとめ

・決算書を読み解く視点には「収益性」「安全性」「成長性」の3つがある。これらを知るために「実数分析」「比率分析」「時系列分析」「他社比較分析」の4つの手法がある
・収益性は売上と利益の比率で考える。なかでも本業の収益性を示す「営業利益率」が重要
・会社が新たに生み出す価値を「付加価値」といい、これは給与の源泉だが、そのうちのどのくらいを給与に回すかは、会社によって異なる

覚えておきたい言葉

営業利益率	会社の事業そのものの収益性を示す指標。これが高いほど会社の本業で利益を出せていることを表す。 計算式　営業利益÷売上高×100（％）
総資産利益率（ROA）	資産をどれだけ効率よく使っているかを示す指標。これが高いほど上手に使っていることを表す。 計算式　利益÷資産×100（％）
自己資本利益率（ROE）	株主から預かった資本（自己資本）をどれだけ効率よく使っているかを示す指標。 計算式　利益÷自己資本×100（％）
総資産回転率	持っている資産が売上をどのくらい生み出しているかを示す指標。大きいほど資産効率がよい。 計算式　売上÷資産（回）
付加価値	会社が知恵、モノ、技術などを使って、新たに生み出した価値。 計算式　売上－他社から購入した価値 　　　　（または、営業利益＋人件費でもざっくりとわかる）
固定費	売上の多い・少ないにかかわらず発生する費用。管理部門の社員の人件費や広告宣伝費など。
変動費	売上に比例して増えたり減ったりする費用。商品の材料費や仕入代、水道光熱費など。

分析！安全性の話
〜危ない会社は、ココがヤバイ！〜
分析編

1

1 なんで会社は倒産するの?

そうだったのか！ 血流が止まると会社は倒産！

人の健康
- 元気♪
- 病気（輸血）
- ……（輸血中止）

会社の健康
- 好調♪
- 業績不振
- 倒産

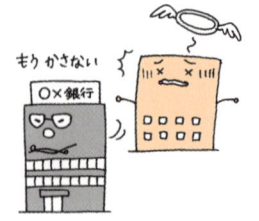

ポイント
- 会社は「赤字だから」ではなく「資金繰りに行き詰まる」から倒産する
- 安全性の分析は、まさに会社の健康診断！

会社は大きいほど安全か？

突然ですが、あなたが働く会社は、どのくらいの規模ですか。社員の数は？　売上高は？

不況になると、新卒の学生は上場している大企業に就職したがります。理由は「安定しているから」だそうです。

しかし、「大きい会社だからつぶれない」というのは、もはや神話になりつつあります。世界一の自動車メーカーだったGM社や、日本を代表する航空会社だった日本航空の倒産を覚えていますか。これほど大きな会社でも倒産してしまうのです。

その理由は、**会社の規模は、安全性を意味しないからです。身体の大きな人が、必ずしも健康とは限らないのと同じです。**

7章では、会社の健康といえる、安全性について見ていきます。

健康な会社と不健康な会社の違い

「最近あの会社、ヒット商品がないなあ」「そういえばあの会社、このところいい話を聞かないけど大丈夫かな」などと感じることはありませんか。

人は体調が悪くなると、元気がなくなりますね。同じように会社も売上や利益が落ちれば元気がなくなります。このような変化、とくに外見でもわかるような変化は、損益計算書でわかります。

しかし、高血圧や内臓の病気のように、健康診断を受けないとわからない体調の悪化もあります。そのため、損益計算書だけでなく、身体のなかまでみる貸借対照表やキャッシュフロー計算書

もチェックする必要があるのです。

安全性分析はまさに健康診断！

　不健康な人と不調な会社に共通するのは、外からのショックに弱いこと。不健康な人はストレスや過労に弱く、それが元で重い病気にかかってしまいます。同じように不健康な会社は、景気の後退や環境の変化に弱く、最悪の場合、倒産してしまいます。
　安全性の分析は、健康診断に似ています。健康診断では、身体の数値を調べて悪いところがないかを探します。会社も決算書の数字を調べて、倒産の恐れがないかを探すのです。

会社が倒産する理由（ワケ）

　では決算書のどこを見ればいいのか？　でも、その前に、そもそもなぜ倒産が起きるのかをもう一度考えてみましょう。

　「業績が悪くなり、赤字を出し続けると会社は倒産する」というのが多くの人のイメージではないでしょうか。
　しかし、それは違います。
　会社が倒産するのは、資金繰りに行き詰まるからです。もっと簡単にいえば、お金が足りなくて、借りているお金を約束どおりに返せなくなる状態が倒産です。
　たとえば、銀行からの借金が返済できなかったり、支払う約束の手形が不履行になったりした場合です。

分析！ 安全性の話 〜危ない会社は、ココがヤバイ！〜

　倒産しそうな会社はどこもお金の流れ（血流）に問題が起きます。新たなお金が入ってこない一方、経費の支払いや債務の返済でお金はどんどん出ていきます。そのため会社全体では出血しているようなものです。

　もし経営の立て直し（止血）も銀行からのさらなる融資（輸血）もなければ、命にかかわります。

　ただし、銀行は残念ながら医者ではありません。ほかの会社と同じように、利益を上げることが目的です。会社の命を救う義務まではないのです。そのため、**経営を立て直せず出血が止まらない会社には、銀行は輸血を拒否することがしばしばあります。このとき会社の命は尽きてしまう**のです。

　こうなる前に、あらかじめその危険を知るのが、安全性分析の狙いなのです。では具体的に、どの数字をチェックするのか見ていきます。

12 安全性はココを見る!

そうだったのか!

1に身体のバランス、2に血流のチェック!

STEP1：貸借対照表で左右・上下のバランスをチェック

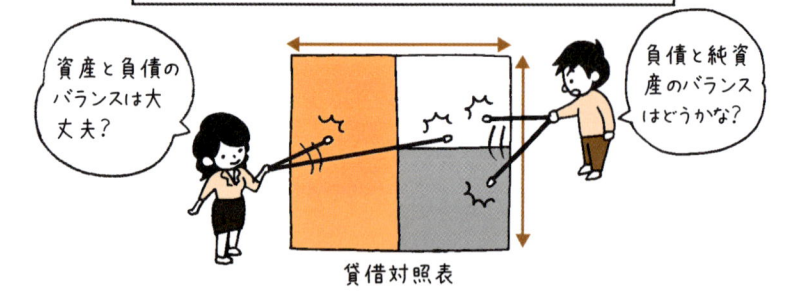

資産と負債のバランスは大丈夫？

負債と純資産のバランスはどうかな？

貸借対照表

STEP2：キャッシュフロー計算書で血液の流れをチェック

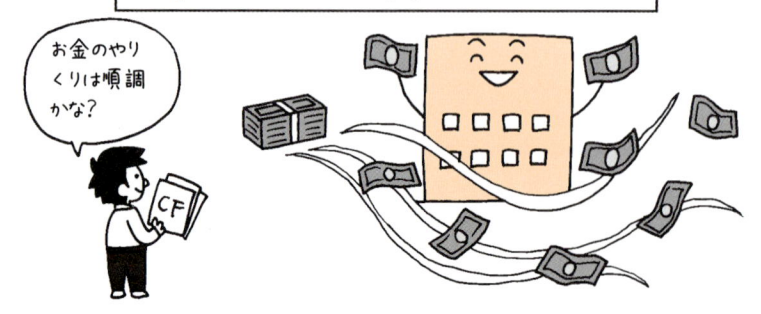

お金のやりくりは順調かな？

ポイント
- まずB/Sで資産・負債・純資産のバランスを見る
- 次にC/Sで資金繰りをチェックする

たった2ステップでわかる安全性！

基礎編で、貸借対照表を「健康診断表」に、キャッシュフロー計算書を「血流検査表」にたとえましたね（→p 29）。安全性をチェックするときは、主にこの2表を見ます。

健康な人は、見た目も体内もバランスがいいものです。会社の安全性を見る場合も、**キーワードは「バランス」**。

具体的には、次のとおりです。

ステップ1．貸借対照表で左右、上下のバランスをチェック
ステップ2．バランスに異常があれば、キャッシュフロー計算書で血流をチェック

では、順に見ていきましょう。

貸借対照表のバランスを見る ～上下編～

会社が倒産するのは、借りたお金が返せないからでしたね。これは裏返せば、**原則、借金がなければ会社は倒産しないということ。つまり、会社の借金は、少ないほど安全なのです。**

それを調べるのが**自己資本比率**です。これは、すべての資産のうち、どれだけ自分のお金、つまり純資産（自己資本）でまかなっているかを調べる数値です。これが貸借対照表の上下のバランスです。

自己資本は返す必要のないお金ですから、この割合が大きいほど安全です。これが安全性指標の基本になります。

● 貸借対照表、上下のバランス

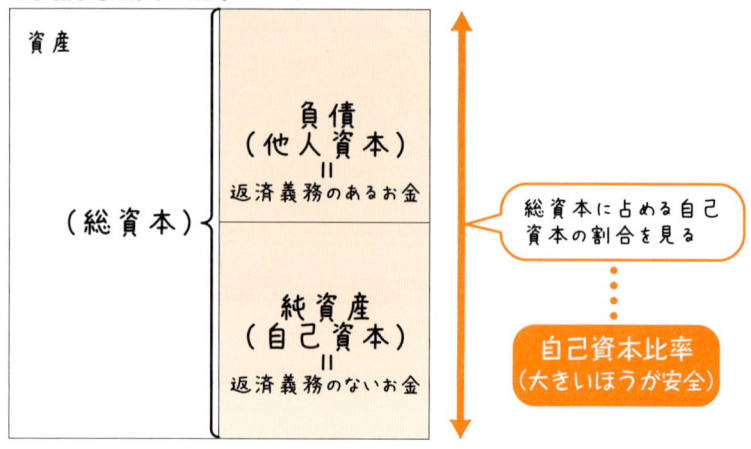

```
┌─────────────────┐
│ 資産            │
│                 │  負債
│                 │ （他人資本）
│                 │   ＝
│ （総資本）      │ 返済義務のあるお金
│                 │─────────
│                 │  純資産
│                 │ （自己資本）
│                 │   ＝
│                 │ 返済義務のないお金
└─────────────────┘
```

総資本に占める自己資本の割合を見る

自己資本比率（大きいほうが安全）

自己資本比率（％）＝ 自己資本 ÷ 総資本 × 100
※総資本 ＝ 他人資本 ＋ 自己資本

　借入などの負債がなければ、自己資本比率は100％。とても安全な会社です。しかし現実には、大半の会社が借入や手形を利用しながら、事業を行っています。

　自己資本比率は一般的に30％以上が望ましく、50％以上で優良といわれます。ただ、この基準はどの会社にも一律にあてはまるのではなく、業種によっても違い、財務省の法人企業統計では製造業なら約40％、非製造業なら約30％が平均です。

　自己資本比率は、人間の身体にたとえるなら骨格の太さといえます。肉付きのよい大きな身体でも、骨格が細くて弱いと激しい運動には耐えられません。会社も骨格がしっかりしていれば、不況という強い風にも負けないのです。

分析! 安全性の話 〜危ない会社は、ココがヤバイ!〜

細〜い骨
ぽきっ
えーっ！見かけ倒しか…

体つきは立派でも、骨がもろいと大惨事！

●上下のバランスのイメージ

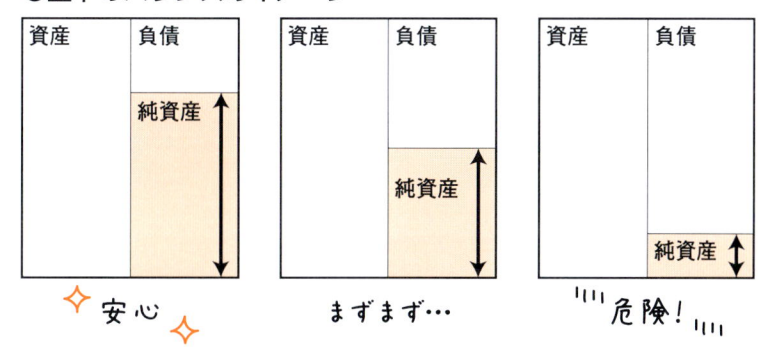

資産	負債
	純資産

✧ 安心 ✧

資産	負債
	純資産

まずまず…

資産	負債
	純資産

危険！

貸借対照表のバランスを見る 〜左右編〜

上下の次は、左右のバランスです。**左右のバランスでは、とくにお金を支払う能力を見ます。**

たとえば、あなたが誰かに5万円借りたとします。返済期限は

来月です。それまでに、5万円を現金で用意できればいいですが、足りなければ何かを売ってお金にしなくてはなりません。このときいくら家や車を持っていても、すぐには売れません。それに売ってしまえば生活できません。すぐに換金できそうな商品券やバッグ、服、本、CDなど（の財産）がたくさんあれば安心ですね。

こういった**比較的短期の安全性を計るのが、流動比率です。**

1年以内に返さなければならない流動負債に対し、1年以内に現金にできる流動資産をどれだけ持っているかを表します。

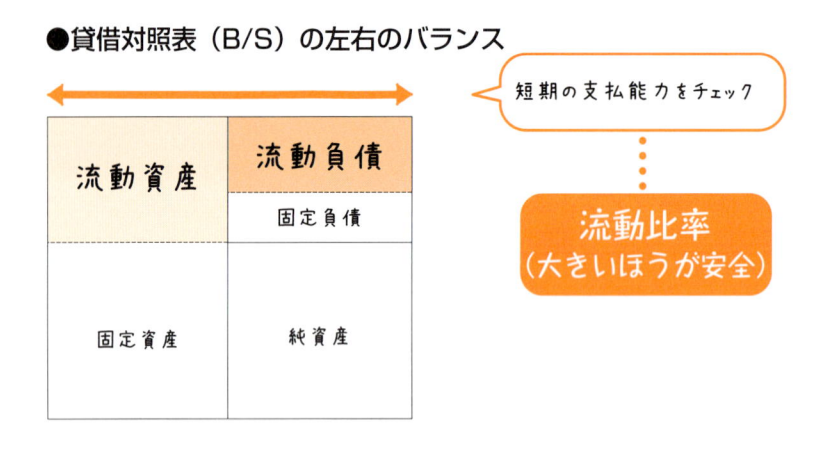

●貸借対照表（B/S）の左右のバランス

流動資産	流動負債
	固定負債
固定資産	純資産

短期の支払能力をチェック

流動比率
（大きいほうが安全）

流動比率(％) ＝ 流動資産 ÷ 流動負債 × 100

流動比率は一般的に150〜200％あれば安全といわれています。1年以内に返す借金に備えて、すぐに現金化できる財産を、その1.5〜2倍持っていれば安心、ということですね。

分析！ 安全性の話 〜危ない会社は、ココがヤバイ！〜

　一方、**中長期的な安全性を見るのが固定比率**です。ここでは、固定資産と純資産（自己資本）のバランスを見ます。

　固定資産とは、本社の建物や工場の設備など、長い間使い続ける財産でしたね（→p 75）。流動資産とは違い、コロコロと売買できるものではありません。そうした長期間使う財産は、返済義務のない自分のお金で工面したいですよね。

　それを示すのがこの固定比率で、純資産（自己資本）に対し、固定資産がどれだけあるかを表します。

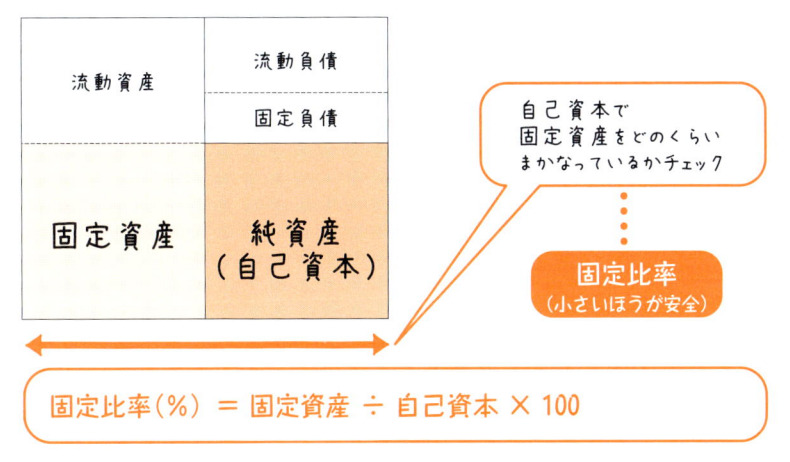

	流動負債
流動資産	固定負債
固定資産	純資産 （自己資本）

自己資本で固定資産をどのくらいまかなっているかチェック

固定比率（小さいほうが安全）

固定比率（％）＝ 固定資産 ÷ 自己資本 × 100

　固定比率は小さいほうがよく、100％以下なら安全といわれますが、100％を超えたらすぐに危険、というわけではありません。というのも**日本の多くの会社は、銀行からお金を借りて設備投資をするので、固定比率が100％を超えていることも多いからです。**

　そこで、固定比率が100％を超えていたら、次に借りているお金（負債）がすぐ返すべきお金（流動負債）なのか長期間借りておけるお金（固定負債）なのかをチェックしなくてはなりません。それがわかるのが**固定長期適合率**です。

これは自己資本と固定負債の合計で固定資産の代金をまかなえているかを表します。

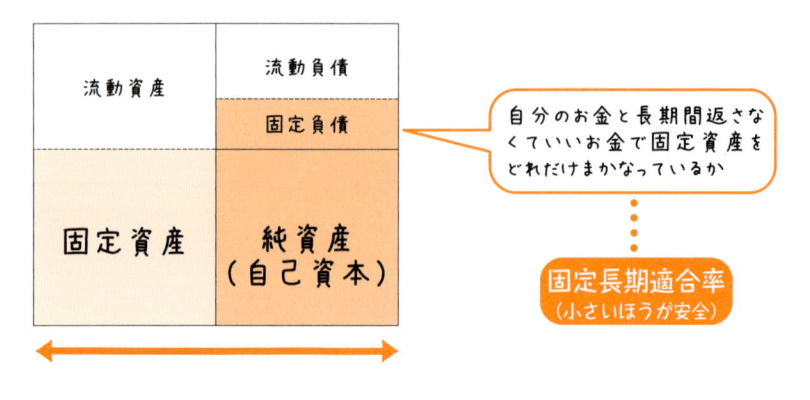

[図：貸借対照表のイメージ（流動資産／流動負債・固定負債／固定資産／純資産（自己資本））
吹き出し：自分のお金と長期間返さなくていいお金で固定資産をどれだけまかなっているか
固定長期適合率（小さいほうが安全）]

固定長期適合率（％）＝ 固定資産 ÷（自己資本＋固定負債）×100

これが100％を超えると、固定資産にかかるお金に流動負債も使っているということになります。これは危険な状態です。

貸借対照表に異変があればキャッシュフローをチェック

身体のバランスを見てみたら、どうもよくない。そういう場合は血流にも問題が起きているおそれがあります。

この章の初めで書いたとおり、血流は会社の命を左右します。**もし、貸借対照表のバランスに異変を見つけたら、血流すなわちキャッシュフロー計算書をチェックします（ステップ２）。**

キャッシュフロー（CF）には営業CF、投資CF、財務CFがありましたね。これら３つのCFがどうなっているかで、会社が健全か危険かをより詳しく診断できます。

分析！ 安全性の話 〜危ない会社は、ココがヤバイ！〜

キャッシュフローでわかる不健康な会社のパターン

　健全なキャッシュフローとは、本業で十分な儲けを出し、それを投資に回しても、まだお金が残っている状態です。余裕資金で借入を返済したり、手持ち現金を増やしたりできます。

　一方で、不健全なパターンもあります。主なものをあげます。

	営業CF	投資CF	財務CF
	（血液を作っているか）	（血液を成長に使っているか）	（輸血をしているか）
健全なパターン 本業で稼いだお金で投資して借金を返す	＋	－	－
無茶な筋トレで貧血 本業で稼ぐお金よりも投資額が大きい	＋	－	＋
出血しながら運動 本業でのマイナスを借入（輸血）でカバー	－	－	＋
身体を削って運動 本業がマイナス、資産を売って、借金を減らす	－	＋	－

※営業CF、投資CF、財務CFそれぞれの ＋ －のイメージは5章へ

13 借金は、ないほうがいい?

そうだったのか! 借入で会社の運動能力を上げられる!

もっと速く走りたいな…

このお金でジェットロボを買いなよ

○×銀行

借入で買ったジェットロボ

ビューン!!

それいけー!

利益増加!

ただし…、スピードが出ている分ダメージも…

いでっ

損失増加…

ポイント
- 本来の自分の力（自己資本）に、借入（他人資本）を組み合わせれば、より強い運動能力が得られる
- ただし、借りすぎが倒産につながることも…

「借金＝悪」はホント？

　安全性の話をすると、「借金はないほうがいいんですね？」と聞かれます。

　たしかに、「借金」という言葉の響きはよくありません。誰もが銀行や友人からお金は借りたくないでしょうし、借金を毛嫌いする経営者も少なくありません。しかし、本当に借金は悪でしょうか？　ここでは借入の本来の意味を考えてみましょう。

　負債のことを、英語で レバレッジ と呼ぶことがあります。直訳すると「てこ」の意味ですが、なぜ負債を「小さな力で大きなモノを動かす道具」にたとえるのでしょう。

　たとえば、自分のお金だけではひとつしか買えない機械を、借金してもうひとつ買えば、2倍の商品が作れ、売上や利益が倍増するかもしれません。**負債の力で、儲けが倍になる**のです。これは、純資産（自己資本）を増やさないで利益を増やせるので、ROE（自己資本利益率→p 111）が高まることを意味します。

●純資産は同じでも利益は倍に！

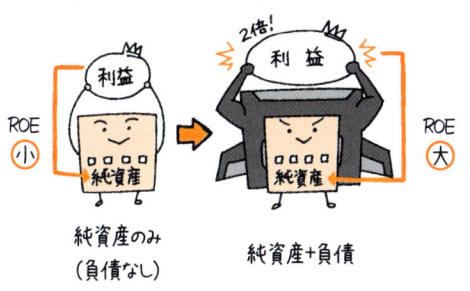

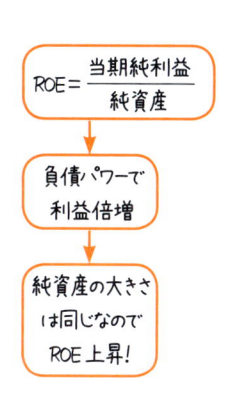

ROE小　純資産のみ（負債なし）　→　2倍！　ROE大　純資産＋負債

$$ROE = \frac{当期純利益}{純資産}$$

↓

負債パワーで利益倍増

↓

純資産の大きさは同じなのでROE上昇！

借入金は装着ロボット!?

最近、身体に装着するロボットの開発が盛んです。借入はこれに似ています。4章で負債を筋肉増強剤にたとえましたが、どちらも本来の身体能力以上の運動をするという目的があります。

下の表は、負債パワーで資産を2倍にしたA社と、負債を使わず無借金のB社の貸借対照表（B/S）と損益計算書（P/L）の要約です。借入が力を発揮するようすを見てみましょう（なお、資産回転率は1回転、営業利益率は5％、金利は3％、税率は50％として計算してあります。また、好況と不況のときでは、通常時から売上と営業利益が60％増減するとします）。

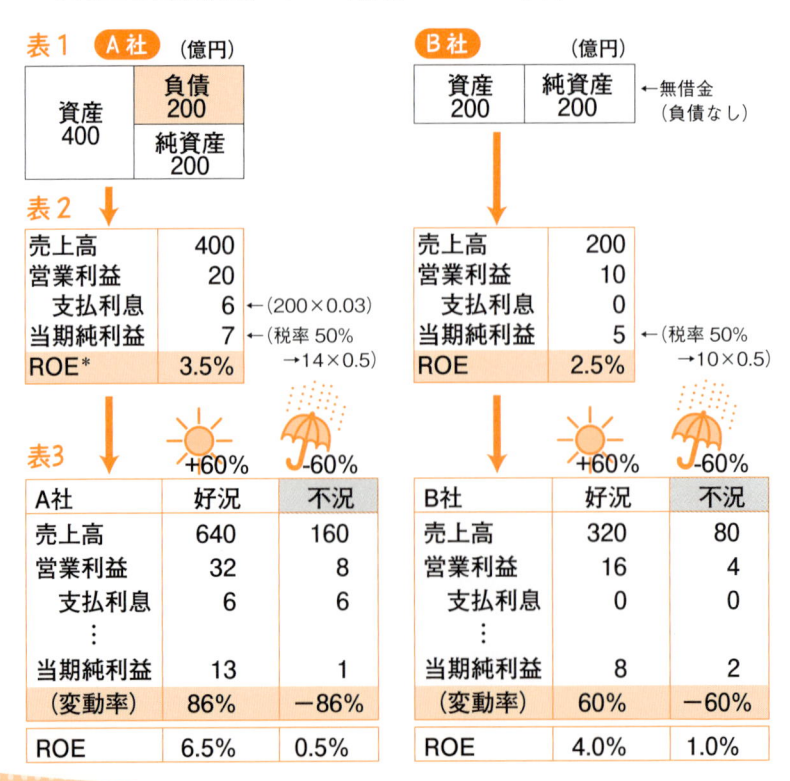

表1

A社（億円）

資産 400	負債 200
	純資産 200

B社（億円）

資産 200	純資産 200	←無借金（負債なし）

表2

A社	
売上高	400
営業利益	20
支払利息	6　←(200×0.03)
当期純利益	7　←税率50% →14×0.5
ROE*	3.5%

B社	
売上高	200
営業利益	10
支払利息	0
当期純利益	5　←税率50% →10×0.5
ROE	2.5%

表3

☀ +60%　☔ －60%

A社	好況	不況
売上高	640	160
営業利益	32	8
支払利息	6	6
⋮		
当期純利益	13	1
（変動率）	86%	－86%
ROE	6.5%	0.5%

B社	好況	不況
売上高	320	80
営業利益	16	4
支払利息	0	0
⋮		
当期純利益	8	2
（変動率）	60%	－60%
ROE	4.0%	1.0%

＊ROE＝当期純利益 ÷ 純資産 ×100（→p111）

まず表1のB/Sでは、A社が200億の負債で資産を倍にしたのがわかります。その結果、売上と営業利益はB社の倍、純利益は1.4倍をあげています（表2のP/L）。自己資本は同じでも、借入でより多くの利益を生み出せました。これこそが、レバレッジ、「てこ」の働きなのです。

ただし、ここで注意すべきなのは、負債を利用すると、好況時はさらに良くなりますが、不況時はさらに悪くなるという点。

表3を見てください。B社の純利益の変動率は、好況時が＋60％、不況時が－60％です。それに対し、A社は好況時が＋86％、不況時が－86％と、ともにB社を上回っています。その結果、好況時にA社はB社より5億円も純利益が多い一方、不況時には逆に1億円、B社より純利益が少なくなってしまうのです。

そのカラクリは、A社には、借り入れた200億円に対する支払利息があるからです。利息は売上の変動にかかわらず発生する固定費です。不況時でも、A社はB社の2倍の営業利益を上げていますが、支払利息によって純利益を減らしています。

このように**借入は、最終利益の変動幅を大きくするのです。**

「リスク＝危険」ではない！

借入額が増えるほど、利益の変動も大きくなります。金融の世界ではこの「変動の大きさ」を**リスク**と呼んでいます。

リスクというと「危険性」の意味だと思いがちですが、そうではありません。あくまで利益や損失額の「ブレ幅」のこと。より大きなリターンを得るには、より大きなリスクをとらなければな

らないのです。

　しかしだからといって、負債の増やしすぎが禁物なのはわかりますね。確かにロボットを使えばスピードは出せます。しかしその分、突然の障害物に対応できなくなります。これは、たくさん借入をした直後に、景気が悪くなり倒産する会社に似ています。とはいえ、借入をむやみに避けると、成長のチャンスを逃しかねません。

　<u>借入そのものが問題ではなく、借りすぎてしまうことが問題なのです</u>。要はバランスです。

か、借りすぎた……

● 銀行が貸したいのはこんな会社

　銀行は、すべての会社にお金を貸してはくれません。**銀行も利益を追求する会社である以上、なるべく安全な会社に融資したいのです**。その態度は「晴れの日に傘を貸し、雨の日に傘を取り上げる」と皮肉られるほどです。

　次ページに東京電力とパナソニックのある年度の貸借対照表と、安全性を示す指標を載せました。みなさんならどちらにお金を貸したいですか。
　両社が同じ業界なら、安全性指標が高いパナソニックですね。ところが、銀行は東京電力にも喜んで貸します。実際、当時の両社の信用格付けはほとんど変わりませんでした。なぜでしょう。

分析！ 安全性の話 〜危ない会社は、ココがヤバイ！〜

東京電力　貸借対照表　（単位：10億円）

流動資産	983	流動負債	1,913
		固定負債	8,774
固定資産	12,221	純資産	2,517
資産合計	13,204	負債・純資産合計	13,204

安全性指標
自己資本比率　19%
流動比率　51%

パナソニック　貸借対照表　（単位：10億円）

流動資産	3,806	流動負債	2,816
		固定負債	1,862
固定資産	4,552	純資産	3,680
資産合計	8,358	負債・純資産合計	8,358

安全性指標
自己資本比率　44%
流動比率　135%

　その理由は、事業リスクの小ささ、つまり「事業の安定性」にあります。私たちの生活にもはや電気は欠かせません。東京電力には、景気のよしあしにかかわらず電力の売上が入ってきます。

　そのため、指標の割に安定性は高いのです。事業の安定性が高ければ、売上が順調に入ってきます。そしてそれは、キャッシュフローの安定にもつながっていくのです。

　このように、会社の安全性を見る場合は、単に指標だけでなく、事業の安定性も知る必要があるのです。

14 "倒産直前!?" の危ない決算書に迫る!

そうだったのか! 倒産のシグナルは決算書に必ずある!

JALの経営破綻劇(はたん)

- だめです！出血が止まりません！
- 輸血
- BANK
- いつまでも助けられないよ
- 輸血しながらでも飛び続けるんだ！
- 輸血してるそばからもれてる…

ポイント
- 「会社が倒産しそう」なシグナルは、決算書に潜んでいる
- 巨大企業の破綻も、決して不思議ではない！

こんな会社は瀕死の重体

　会社は赤字を出したからといって、すぐに倒産するわけではありません。しかし、赤字を出し続けると会社の身体はボロボロになります。自己資本である純資産がどんどん小さくなり、貸借対照表のバランスが崩れるからです。そしてやがて、純資産はマイナスになります。

　この状態を**債務超過**と呼び、実質的な破綻を意味します。

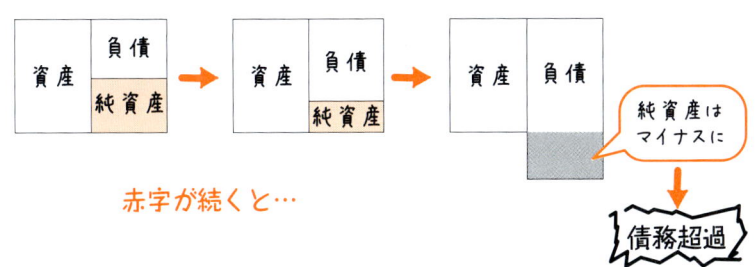

```
┌─────┬─────┐   ┌─────┬─────┐   ┌─────┬─────┐
│     │ 負債 │   │     │ 負債 │   │ 資産 │ 負債 │
│ 資産 ├─────┤ → │ 資産 ├─────┤ → ├─────┤     │
│     │純資産│   │     │純資産│   │     │     │
└─────┴─────┘   └─────┴─────┘   └─────┴─────┘
         赤字が続くと…                      純資産は
                                            マイナスに
                                              ↓
                                           債務超過
```

　債務超過とは、会社の資産をすべて売っても、負債を返済しきれない状態です。

　しかし実際には、多くの会社が債務超過になる前に破綻します。そのため、決算書からその「兆し」を読み取ることが大切になるのです。実際に破綻した会社の決算書を例に、"倒産シグナル"がないかを探してみましょう。

あの巨大企業はなぜ倒産した!?

　2010年1月、日本航空（JAL）が会社更生法の適用を申請。日本を代表する巨大企業ということもあり、多くの個人投資家は、「JALがつぶれるはずがない」と信じ、株を持ち続けました。破

綻までの数年間、JALに何が起きていたのでしょう。貸借対照表の主な数字から、安全性の分析をしてみます。

JAL 貸借対照表(抜粋)

（単位：億円）

	07年度	08年度	09年度※
流動資産合計	8,103	4,870	4,609
現預金	3,550	1,637 ↓	1,544
⋮			
固定資産合計	13,105	12,626	12,199
有形固定資産	10,371	10,310	10,099
⋮			
資産合計	21,228	17,507	16,813
流動負債合計	6,612	6,499	7,490
短期有利子負債	1,614	1,833	3,610 ↑
固定負債合計	9,905	9,040	7,761
長期有利子負債	7,536	6,182 ↓	5,600 ↓
純資産合計	4,711	1,968 ↓	1,562
株主資本	4,473	3,840	1,997 ↓
評価・換算差額	66	(2,093)	(595)
⋮			

現預金欄: 大幅減！
短期有利子負債欄: 約1800億円も増加
長期有利子負債欄: ジリジリ減少
純資産合計欄: 大幅減！

※倒産のため、09年度は09年12月までのデータです

　まず、08年度の流動資産、とりわけそのなかの現預金の減りが気になります。次に、流動負債である短期有利子負債の増加（とくに09年度）。1年以内に返済すべき借金が倍に増えているのです。その一方で、長期の有利子負債はジリジリ減っています。

　これは要注意です。なぜなら、**金融機関がJALに対し、長期間お金を貸すのを嫌がっているのが読み取れるからです。**みなさんも信用できない人に長い間お金を貸したくないですよね。それは銀行も同じです。

さらに気になるのが、08年度の純資産の減少。

この年度の損益計算書には、当期純損失が630億円と記載されています。07年度の株主資本と08年度の株主資本を見比べると、確かに630億円ほど減少しています。

しかし、減った純資産はそれだけではありません。損益計算書には出てこない評価・換算差額が2000億円以上あったために、純資産全体は2700億円以上も減少しているのです。

では、主な安全性指標を計算してみましょう。

安全性の分析

	07年度	08年度	09年度
自己資本比率 (自己資本÷総資本×100)	22.2%	11.2% ↓	9.3% ↓
流動比率 (流動資産÷流動負債×100)	123%	75% ↓	62% ↓
固定比率 (固定資産÷自己資本×100)	278%	642% ↑	781% ↑
固定長期適合率 (固定資産÷(自己資本+固定負債)×100)	90%	115% ↑	131% ↑

08年度に、すべての指標が急激に悪化したのがわかります*。

純資産が大きく減ったため、自己資本比率は22%から11%に。かなり危険なレベルです。このまま厳しい環境に身を置き続けると、衰弱します。**一刻も早い増資で、財務基盤（基礎体力）を強化する必要があります。**

短期の支払い能力を見る流動比率は100%を切り、これも危険水域です。銀行が追加の融資をやめれば、会社はもちません。

さらに、以前より高めだった固定比率は、642%と異常なうえ、固定長期適合率も危険ラインの100%（→p 139）を超えています。

＊自己資本比率と流動比率は高いほうが、固定比率と固定長期適合率は低いほうが、それぞれ安全でしたね（→7章の2）

これでは、資金調達もままなりません。

倒産直前の09年12月末時点では、すべての安全性指標がさらに悪化。もはやいつ倒れてもおかしくない状態だったのです。

破綻寸前のキャッシュフロー

貸借対照表が異常なときは、キャッシュフロー計算書で資金の動きを見る必要がありましたね（→p 140）。

JAL キャッシュフロー計算書（抜粋） （単位：億円）

	07年度	08年度	09年度	
営業CF合計	1,573	318 ↓	−472 ↓	本業では稼げていない
減価償却費	1,166	1,180	868	
︙				
投資CF合計	−262	−1,057 ↓	−756	毎年設備投資が必要
固定資産純増減	−591	−1,221 ↓	−865	
有価証券純増減	160	169	123	
財務CF合計	369	−1,668 ↓	1,128 ↑	
短期借入純増	−27	0	729 ↑	
長期借入	828	467	1,470	借入金の返済に追われる
長期債務返済	−1,926	−1,600	−990	
株式発行	1,518			不況で株の発行ができず
︙				
現金の増減額	1,644	−1,920 ↓	−95	
現金の期末残高	3,540	1,618 ↓	1,523	

※倒産のため、09年度は09年12月までのデータです

はじめに08年度の営業ＣＦの合計を見てください。本業からの現金流入が減っています。費用にはなるものの、実際に現金が出ていかない減価償却費を1180億円足し戻しても、318億のプ

ラスでしかありません。

　次に、投資ＣＦの合計を見てください。毎年マイナス、つまり投資し続けていますね。空の安全を保つためには、旅客機の買いかえなどの設備投資が毎年必要なのです。営業ＣＦが大幅ダウンした08年度には、有価証券を売り169億円を捻出するも、もはや焼け石に水。

　こうなると、財務活動で足りない資金を集めるしかありません。ところが07年度には、株の発行で1518億円を集められたものの、翌08年度は株式市場の暴落と業績悪化で、発行はできず。

　また、長期借入の返済も巨額で、07年度には1926億円、08年度には1600億円返済しています。一方新規で借り入れたのは、07年度が828億円、08年度が467億円だけ。その差額の現金が流出したことになります。

　結局08年度には、1920億円もの資金が流出。手元の現金（期末残高）は、1618億円まで減っています。毎年借入金の返済と巨額の設備投資が必要なことを考えると、銀行からの追加融資などがなければ、1年以内に資金がなくなることは、この時点でわかっていたのです。

　最後に09年度を見てみましょう。09年度の業績はさらに悪化。営業ＣＦは－472億円とついにマイナス。しかも設備投資にはなおも865億円かかっています。緊急輸血として多額の借入をしたので、財務ＣＦが1128億円とプラスになるも、業績改善による止血のメドがたたず、10年1月に会社更生という"緊急治療室"に入りました。誰もが驚いた巨大企業の倒産にも、そのシグナルはあったのです。

15 「黒字倒産」のしくみ

そうだったのか！ 手元に現金がなければ儲かってててもつぶれる！

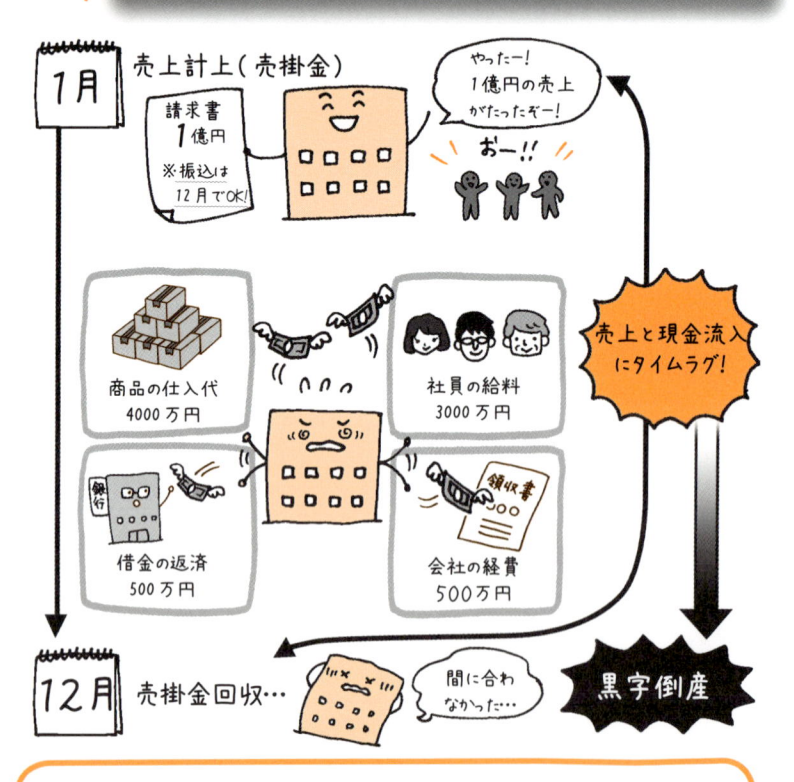

1月 売上計上（売掛金）

請求書 1億円
※振込は12月でOK!

やったー！
1億円の売上があったぞー！
おー!!

売上と現金流入にタイムラグ！

商品の仕入代 4000万円
社員の給料 3000万円
借金の返済 500万円
会社の経費 500万円

12月 売掛金回収…
間に合わなかった…

黒字倒産

ポイント
- 売掛金や棚卸資産（悪玉コレステロール→p74）が異常に多いと黒字倒産の可能性も
- 売上や利益ばかりに気をとられると危ない！

分析！ 安全性の話 〜危ない会社は、ココがヤバイ！〜

1年後の1億円より今すぐ欲しい1000万円

「**黒字倒産**」という言葉を聞いたことがありますか？ 決算書では利益が出ているのに、会社がつぶれることをいいます。そんなことがあるなんて、と不思議に思うかもしれませんね。

しかし、思い出してください。「会社が倒産するのは赤字だからではなく、資金繰りに行き詰まるから」でしたね（→ p 132）。大切なので、何度も繰り返します。

仮に大きな売上が立っても、それがすぐに現金になるとは限りません。左図のように、**1年後に1億円が入ってくるとしても、それまでにかかる費用を支払えなければ、会社は倒産することもあるのです。**実際の黒字倒産の例を見てみましょう。

ケース① 資産を増やしすぎてつぶれた会社

次の決算数字を見てどう思いますか？

（単位：億円）

	04年度	05年度	06年度	07年度
売上	570	643	1,805 ↑	2437 ↑
当期純利益	65	79	300 ↑	311
資産	1,206	2,030 ↑	4,433 ↑	6,026 ↑
純資産	355	666	1,031	1,315
ROE（自己資本利益率）	18%	12%	29%	24%
自己資本比率	29%	33%	23% ↓	22% ↓
流動比率	250%	168%	197%	224%

この会社は、購入した中古ビルを改築し、付加価値を高めてファンドなどに売る独自のビジネスモデルで、急成長しました。ROEは、当時の不動産業界の平均が約10％だったのに対し、24％（07年度）もあります。自己資本比率こそやや低めですが、150％あれば安心な流動比率（→ p 138）は200％を超えていて、安全性に問題はないかに見えます。これだけ成長力のある会社なので、未来は明るいと思いませんか。

　しかし**この会社は、このわずか半年後に倒産します**。2008年8月に巨額の負債を抱えて破綻したアーバンコーポレイション（以下アーバン）です。当時、東証一部に上場していました。

　これだけ黒字を出し、成長しているかに見える会社が、なぜあっけなく倒産してしまうのでしょうか。その原因を探るため、まずは異常なペースで拡大する資産の中身をチェックします。

恐怖！　巨額な棚卸資産に潜む闇

アーバン 流動資産　　　　　　　　　　　　　　　　（単位：億円）

	04年度	05年度	06年度	07年度
流動資産合計	849	1,562 ⬆	3,978 ⬆	5,563 ⬆
棚卸資産	337	737 ⬆	2,930 ⬆	4,378 ⬆
（対売上比率）	59％	115％	162％	180％

　資産の拡大は、棚卸資産（悪玉コレステロール）の急増が原因です。棚卸資産とは、商品や材料の在庫などでした。アーバンにとっての棚卸資産は、仕入れた物件や商品である改築したビル

です。これが07年度末には、総資産の73％、売上のじつに1.8倍と異常な高さになっていました。物件購入のペースをあげたことで、急増したのです。

p 155の自己資本比率の低下を見ると、資産の急な拡大に自己資本がついていけていないのがわかります。

自己資本比率は一般的に30％以上が望ましく、50％あれば優良です（→p 136）。07年度は22％ですが、これは、すぐに倒産するほど低いわけではありません。むしろ気になるのは「これだけの急な拡大を支える資金を、どう用意したのか」です。

キャッシュフロー計算書を見てみましょう。

アーバン キャッシュフロー計算書（抜粋） （単位：億円）

	04年度	05年度	06年度	07年度
営業CF	−250	−330	−550	−1,000
棚卸資産増加	−236	−536	−994	−1,381
投資CF	−66	11	−91	−111
財務CF	402	430	832	892
期末現金	167	279	600	419

（どんどん流出！）

驚いたことに、営業CFは常にマイナス。しかもそれが毎年拡大しています。つまり、**本業で資金を得るどころか、どんどん流出しているのです。**

アーバンのビジネスサイクルは、「物件の購入→改築→売却→現金回収」です。しかし、物件の購入ペースが速すぎました。売却して現金を回収する前に次の物件を買ってしまうため、資金不足が年々拡大したのです。そして、その足りない分を増資や借入

でカバーしていました。

　これはまるで、運動が激しすぎて出血しているのに、大量輸血を受けながら運動を続けているようなものです。**利益が大きくなるウラで、血流はボロボロだったのです。**

　08年はサブプライム問題が深刻化。銀行は資金提供（輸血）に慎重になり、アーバンの成功の前提だった不動産市場も急速に冷え込みました。その結果アーバンの血流はストップし、一気に破綻してしまいました。

　このように、売上や資産が急成長していても、倒産することはあるのです。

ケース②　粉飾決算で上場した会社

　もうひとつ別の会社を紹介しましょう。

　09年11月に、FOIという半導体製造機器メーカーが東証マザーズに上場しました。しかし、それからわずか半年後の2010年6月、売上を水増しする粉飾があったことを認め破綻。当時、上場後史上最速の破綻でした。上場を手伝った証券会社や銀行、そして東証までが、この粉飾を見抜けなかったのです。

　会社は株式や債券を発行する際、投資に必要な情報をまとめた**目論見書**（もくろみしょ）という書類を発行します。決算書もこのなかに含まれています。では上場時、この目論見書に危険シグナルはなかったのでしょうか。

FOI 損益計算書(抜粋)　　　　　　　　　　(単位:億円)

	07年度	08年度
売上高	95.0	118.6
営業利益(利益率)	18.1 (19%)	24.7 (21%)
⋮	⋮	⋮
当期純利益(利益率)	8.1 (8%)	5.3 (4%)

　上場前2年間の損益計算書を見ると、金融危機などがあったものの、業績は順調に伸びているようです。この期間、ほかの半導体メーカーの売上と利益は軒並み落ちていたので、大変な成長力です。では、バランスシートはどうだったでしょう。

恐怖！ 巨額な売掛金

FOI 貸借対照表(08年度 抜粋)　(単位:億円)

流動資産	288.3	流動負債	121.7
売掛金	229.0	固定負債	32.1
固定資産	3.4	純資産	138.0
総資産	291.8	合計	291.8

（実に80%近く）　（自己資本比率 47%）

　自己資本比率は、一般的には50%あれば優良なので (→ p 136)、これだけ見ると健全そうです。しかし流動資産の大きさが気になります。詳しく見るとそのほとんどが売掛金でした。売掛金とは、商品を売ったものの、まだ回収してない代金でしたね。悪玉コレステロールです。その売掛金が総資産の80%、売上の約2倍にものぼります。売掛金がお金になるまでの期間を表す**売上債権回転期間**（月）*はじつに23か月。売ってから代金をもら

＊売上債権回転期間(月)＝売上債権(売掛金＋受取手形)÷月売上

うのに2年近くもかかっているのです。

　これについて目論見書には、「当社が販売する製品は、新設量産ライン向けであるため、売掛金回収は（中略）売上計上から1年半から2年半かかる」とありました。

　確かに、もっともらしい説明です。しかしほかの半導体機器メーカーもそうなのか、同業他社と比較してみると、

売上債権（売掛金＋受取手形）**他社比較**

	FOI	東京エレクトロン	東京精密
対総資産比率	78%	18%	14%
売上債権回転期間	23.2か月	2.8か月	3.1か月

となり、資産に占める売上債権の割合も、代金を回収するまでの期間も、FOIは飛びぬけています。とても「業界に共通なこと」とはいえません。

　会社は回収したお金で、費用を支払い、また新しい事業を行います。FOIは、ツケで売りまくり代金回収を後回しにしていました。これだけ売掛金が多いということは、資金繰りにかなりの負担があったはずです。最後にキャッシュフロー計算書を見てみましょう。

FOI　キャッシュフロー計算書（抜粋）　（単位：億円）

	07年度	08年度
営業CF合計	−40.0	−35.5
売上債権の増加	−48.8	−46.9
投資CF合計	−0.6	−0.9
財務CF合計	16.3	48.7
期末現金	13.3	25.5

売上債権の大幅増。現金をともなわない売上が多い！

営業CF合計は大幅なマイナスです。その原因は、表にある巨額の売上債権の増加。現金が手元に入ってこない売上を積極的に計上していたため、毎期大幅な資金不足に陥っていたのです。

まさに「利益は意見、現金は事実（→p87）」です。売上と利益は作れてもキャッシュは作れないのです。そしてその資金不足を、銀行からの借り入れと増資で補っています。

当時FOIは、10年3月期（09年度）の売上高を前期比10％増の130億円と予想。もし売上債権回転期間が変わらなければ、売掛金の残高は約250億円となり*、前期からの増加分約20億円がさらに不足する計算です。つまり、売上が増えるほど、手元の現金が減り、借り入れしないとならない構造なのです。売上と利益に目を奪われ、手元が見えなくなってしまった好例です。

FOIはこの「成長実績」をかかげ上場。そして、投資家から集めた約70億円のうち、約37億円を借金返済に回し、残りを増加する運転資金に使いました。

無理な化粧ははがれる！

会社の株式上場は「嫁入り」に似ています。増収・増益という華々しい衣装に身を包み、もっとも輝いた状態で嫁ぐようなもの。

しかし無理な化粧ははがれます。上場半年後の10年6月、売上を水増しする粉飾決算の疑いによりFOIは破綻、上場廃止となったのです。売上が架空ということは、異常な多さの売掛金も大半はうそだったのです。売上計上のルールが厳しいIFRS（国際会計基準→p200）のもとでは上場できなかったでしょう。

＊FOIの売上債権回転期間は23.2か月。09年度の売上が予想通り130億円なら「売上債権＝月商（130億円÷12か月）×売上債権回転期間（23.2か月）＝251億円」となります

7章のまとめ

- 会社が倒産するのは赤字だからではなく資金繰りに行き詰まるから
- 安全性のチェックでは、まず貸借対照表で資産・負債・純資産のバランスを見て、次にキャッシュフロー計算書で資金繰りを確かめる
- お金を借りることで、会社の運動能力を上げられる。しかし、借りすぎは倒産の元になる

覚えておきたい言葉

資金繰り	会社の現金収入と支出を把握して、お金のやりくりをすること。
自己資本比率	会社のすべての資産に占める自己資本の割合。高いほど安全な会社といえる。 計算式　自己資本 ÷ 総資本 × 100（％） ※総資本＝他人資本＋自己資本
流動比率	1年以内に返す流動負債に対し、1年以内に現金にできる流動資産をどれだけ持っているかを示す指標。高いほどよく、一般に150〜200％あれば安全。 計算式　流動資産 ÷ 流動負債 × 100（％）
固定比率	固定資産を自己資本でどれだけまかなっているかを示す指標。小さいほどよく、100％以下なら安全。ただし、日本の会社の多くは銀行からお金を借りており、100％を超えることも多い。 計算式　固定資産 ÷ 自己資本 × 100（％）
リスク	利益や損失のブレ幅のこと。お金をたくさん借りて事業を行えば、利益を大きくあげられる可能性がある反面、失敗したときの損失も大きくなる。
債務超過	赤字が続くなどして、純資産がマイナスになってしまうこと。会社の資産をすべて売り払っても負債が残ってしまう、とても危ない状態といえる。
黒字倒産	決算書のうえでは黒字であるにもかかわらず、倒産すること。仮にあとでまとまったお金が入ってくる見通しがあっても、資金繰りができなければ倒産してしまう。

8

分析!
成長性の話
〜伸びる会社は、ココが違う!〜
分析編

8-1 会社の成長ってどういうこと?

そうだったのか！

「身体」が大きくなることと「身体能力」が上がること！

人の成長：身体が大きくなる／身体能力アップ「前より速いね」

そっくり！

会社の成長：資産が大きくなる／できる事業が増える「今度は海外進出だー」

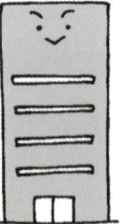

ポイント
- 会社の成長は「身体の大きさ」と「身体能力」の2つでとらえる
- 人は自然に大きくなるが、会社はそうではない

会社の成長と人の成長はソックリ！

　あなたが子どものころ、毎年身長が伸びたり、50メートル走のタイムがよくなったりして喜んだ記憶はありませんか。私たちは、自分の成長を大まかに分ければ「身体の大きさ」と「身体能力」の2つの面でとらえてきました。

　同じように**会社の成長も、2つの面から見ることができます。**

　会社にとって「身体が大きくなる」とは、設備などの「資産」が増えること。つまり貸借対照表が大きくなることです（→p 169）。

　また、「身体能力が上がる」とは、損益計算書で売上と利益が大きくなることです。身体の大きさと能力の両方がバランスよく成長してこそ、成長力のある会社なのです。

　ただし、人と会社の成長には大きな違いがあります。

　人には成長のDNAが組み込まれていて、ある程度勝手に大きくなりますが、会社はそうはいきません。しっかりと経営されなければ、「いつまでも子どものまま」になりかねません。

　世の中にはたくさんの会社があります。そのなかで「いい会社」になるには、より大きな利益を上げ続けなくてはなりません。成長しそうな会社だからこそ、出資してくれる人がいるのです。

　社員にとっては会社が伸びないと給料も上がりませんし、仕事のステップアップもできません。ですから私たちも、親が子の成長を見守るように「成長しているか」「成長し続けることができるか」を決算書から確かめることが大切なのです。

8-2 成長性はココを見る!

> **そうだったのか!** 売上・利益・資産の3つがバランスよく伸びないとダメ!

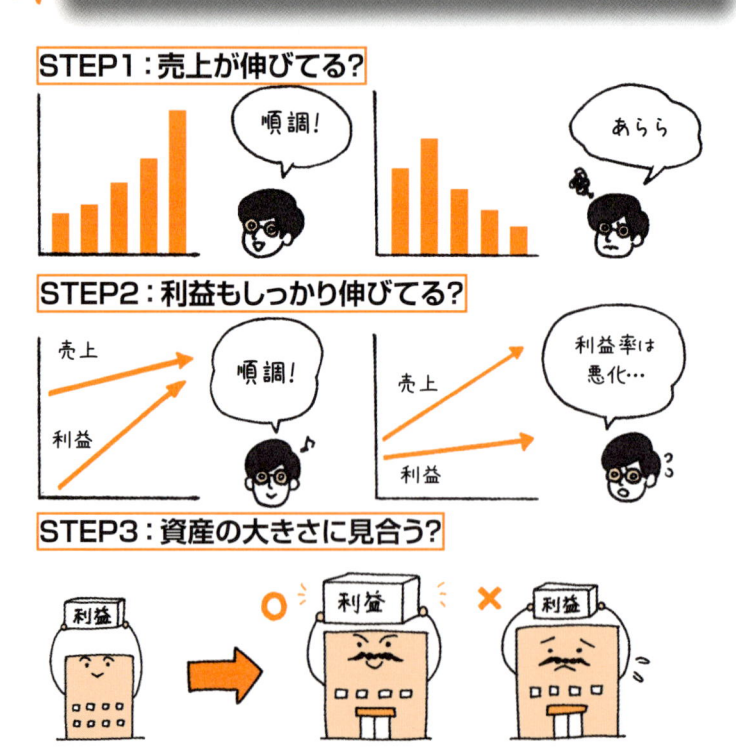

STEP1：売上が伸びてる？

順調！

あらら

STEP2：利益もしっかり伸びてる？

売上 / 利益　順調！

売上 / 利益　利益率は悪化…

STEP3：資産の大きさに見合う？

利益 → 利益 ○ ／ 利益 ×

ポイント
- 「売上さえ伸びればいい」は間違い！
- 売上・利益・資産のバランスが悪いと、収益性が悪くなることも

成長性分析の3ステップ！

　成長性を調べるには、4つの分析のひとつ、時系列分析を使います（→p100）これまでの成長を知るには、身体の大きさや能力について、<u>過去と現在を比べる必要があるからです。</u>

　<u>会社の成長は、まず売上で見ます。</u>なぜなら売上は会社の活動がもたらす最初の果実だからです。売上がなければ利益も生まれませんし、事業活動のサイクルも回りません。
　このとき、売上全体の伸びも大切ですが、売上を「客数と客単価」「店舗面積と売上単価」のように「数量と単価」に分けて考えると、より深い分析になります。

　<u>次に、売上と利益がバランスよく成長しているかを見ます。</u>とくに、本業の収益性を示す営業利益と、最終的な利益である当期純利益の推移です。仮に、売上が伸びていても、利益の成長が伴わなければ、利益率は悪化します。運動量が増えているのに成果は同じではよい成長とはいえません。売上だけでなく、利益も一緒に上がっていることがとても大切です。

　<u>最後に、利益と資産（資本）がバランスよく成長しているかを見ます。</u>資産（資本）の成長スピードに利益の成長が追いつかないと、ROAやROEが低下してしまいます。これは子どもが大人になったのに、走る速さが同じようなもの。資産に見合った利益が出ているかチェックします。

8-3 図解！会社が大きくなるしくみ

そうだったのか！　「自力で成長」と「合体で成長」の2パターンある！

● 自力で成長するパターン

資産 → 売上 → 利益 → 資本 → （成長のサイクル）

少しずつ成長

● 他社と合体するパターン（買収・合併）

合併！

いっきに身体が2倍！

ポイント
- 会社は人と違って、成長速度を変えられる
- 自力で成長するパターンは、借入（負債）の力でさらに成長速度を上げられる

分析！ 成長性の話 〜伸びる会社は、ココが違う！〜

会社が大きくなる＝貸借対照表が大きくなる

　左図のように、ざっくりいうと会社の成長には2つありますが、多くは自力で成長するパターンです。その様子は、損益計算書と貸借対照表を並べてみるとよくわかります。

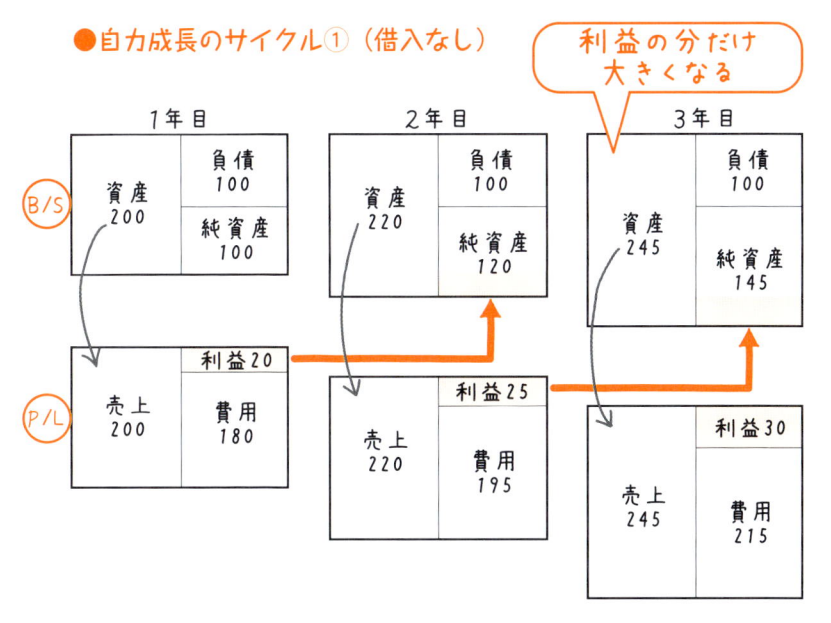

●自力成長のサイクル①（借入なし）

利益の分だけ大きくなる

1年目
B/S：資産200 ／ 負債100、純資産100
P/L：売上200 ／ 利益20、費用180

2年目
B/S：資産220 ／ 負債100、純資産120
P/L：売上220 ／ 利益25、費用195

3年目
B/S：資産245 ／ 負債100、純資産145
P/L：売上245 ／ 利益30、費用215

　会社は資産を元に1年間活動し、売上と利益を上げます。自分で稼いだ利益には返済義務がないので、翌年度の純資産に加えます。こうして増えた純資産で、さらに工場を建てたり設備を買ったりして、資産を大きくします。そして、その資産でまた売上や利益を伸ばしていくのです。

　このように、**会社は資産⇒売上⇒利益⇒資本⇒資産…のサイクルを繰り返しながら成長するのです。**

＊上図では、わかりやすくするために株主への配当などは無視しています

会社は負債で成長速度を上げられる!

会社の成長が人の成長と違うところは、自分の意思で成長の速さを変えられる点です。成長速度を上げたければ、負債を増やしてより多くの設備を備えればよいのです。前に負債（他人資本）を筋肉増強剤や装着ロボットにたとえましたね（→p 70, p 142）。このイメージを図にするとこうなります。

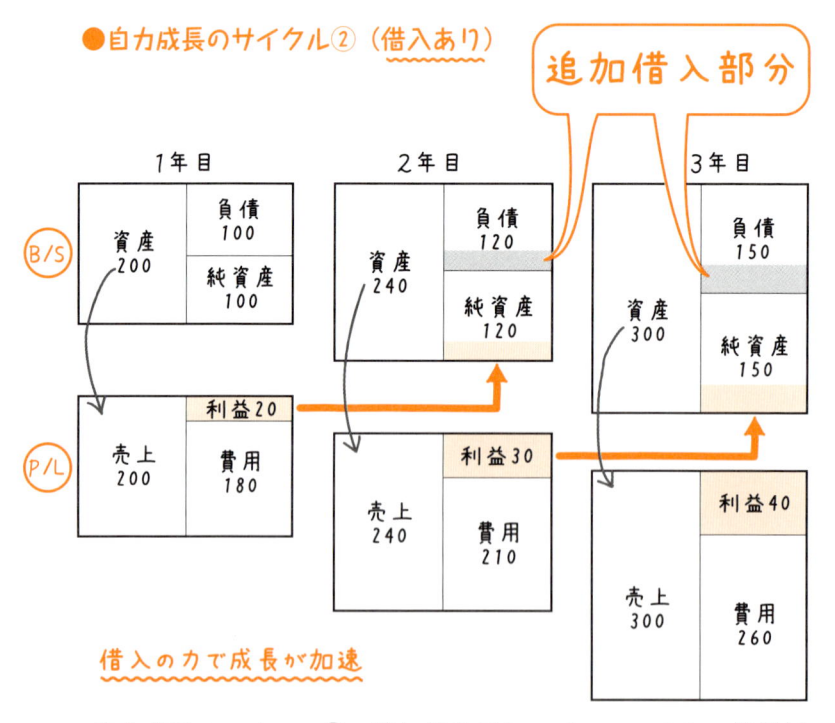

●自力成長のサイクル②（借入あり）

追加借入部分

1年目
B/S: 資産 200 / 負債 100, 純資産 100
P/L: 売上 200 / 利益 20, 費用 180

2年目
B/S: 資産 240 / 負債 120, 純資産 120
P/L: 売上 240 / 利益 30, 費用 210

3年目
B/S: 資産 300 / 負債 150, 純資産 150
P/L: 売上 300 / 利益 40, 費用 260

借入の力で成長が加速

　自力成長のサイクル①の追加借入がないパターンより、貸借対照表が大きくなるペースが速いのがわかるでしょう。
　少し専門的ですが、上図で、純資産が増えた分だけ追加で借り入れているのに注目してください。一度に大量の借入をするので

はなく、自己資本比率を50％にキープしながら借入を増やしているのです。このように**純資産の増加にあわせて借入をすれば、財務的に安全性を保ちながら成長を加速できます**＊。

ちなみに、ここまで説明した「会社が自力で成長する」ことを、**有機的成長**（organic growth）と呼びます。人にたとえると、自分の身体が少しずつ大きくなっていくイメージですね。

他人を吸収して成長するパターン

人にはできませんが、**会社には自力で伸びる限界を超えて成長する方法があります**。それが、会社が大きくなるもうひとつの手段、「買収・合併」です。これを**M&A**と呼びます。一言でいえば他社とくっついて大きくなることです。単純に同じ規模の会社が合併すれば、身体（資産）の大きさは2倍になります。

ただし、買収にはお金がかかります。「A社がB社を100億円で買収」などと報じられますね。そのためM&Aは、有機的成長にかかる時間をお金で買っているともいえるのです。

＊これを、持続可能成長率と呼びます

8-4 超重要! 成長した"理由(ワケ)"

> そうだったのか！
> 会社の努力で伸びたのと、好景気で伸びたのとでは、まったく違う！

外部要因

- どんどん買うぞ!
- SHOP
- 世の中が好況!
- 市場が好況!
- 今、薄型テレビ売れてます!!
- 会社の努力
- NEW
- できたー!

内部要因

ポイント
- 業界全体が前年比110％で伸びるなか、自社が105％ならば、伸びたといえどもよくはない
- 成長が内部要因か外部要因かを見極めよう！

数字より大切⁉「成長の原因」を探れ！

　成長性の分析では「売上や利益がどれだけ伸びた？」という表面的なことに目がいきがちです。これらはもちろん大切。

　しかし、もっと**大事なのは「(あの会社は) どうして伸びることができたのか」**と、成長の背景を考えることです。

　会社の成長理由は（成長ドライバーともいいます）、大きく2つに分けられます。内部要因と外部要因です。

　内部要因とはズバリ、会社の「中」に理由があるということ。簡単にいうと会社の努力です。たとえば、時代を読んだ新製品をどれだけ開発したか、ムダな経費をどれだけ削減したかなどいろいろあるでしょう。

　それに対し外部要因とは、会社の「外」に理由があるということ。これは、会社の努力だけで何とかできるものではありません。

　わかりやすい例は、世の中の景気です。ほかにも、ある分野の市場動向や、人々の意識の変化などがあるでしょう。環境に対する意識が高まり、エコカーの需要が増えたのはいい例ですね。

　会社が伸びた裏には、必ずこのような内部要因と外部要因があります。そしてこの2つには密接な関係があるのです。

ソニーは薄型テレビで、なぜ出遅れた？

　テレビの例で考えてみましょう。
　ブラウン管から液晶へ、そしてアナログからデジタル放送へと

技術が進歩するのにともない、薄型テレビの市場はどんどん大きくなりました。これは、外部要因です。

　この薄型テレビ市場で、いち早く大きなシェアをとったのがシャープでした。以前からシャープは、テレビの薄型化を可能にする液晶技術に力を注いでいたのです。

　その一方で、ブラウン管の成功体験から抜けきれなかったソニーは出遅れ、液晶パネルを他社から買わなければなりませんでした。これらが内部要因です。

　内部要因と外部要因は密接にかかわっています。せっかく努力して開発した技術を持っていても、外部要因を追い風にできるかできないかは、その会社にかかっているからです。当時のシャープは自社の技術を、うまく生かせたといえます。

　一方ソニーも、出だしで遅れたもののブランド力を武器にまき返し、高いシェアをとりました。これはソニーの努力でしょう。

前年比150％のダメな会社、90％のいい会社？

　ところで、成長した理由を内部要因と外部要因とに分けて考えることが、なぜ重要なのでしょう。

　たとえば、前年比150％の売上を出したA社は、いい会社といえるでしょうか。一見よさそうですね。しかし、ライバルのB社が前年比300％だったらどうでしょう。さらに、A社・B社を含む業界全体の平均が、前年比250％だったらどうでしょう。

　「なんだ、市場がよかっただけか」と思いませんか？

世の中の景気がいいときや、先ほどの薄型テレビ、一時期のパソコン・携帯電話のように、その市場が大きくなっているなかで成長するのは、それほど難しくありません。

　単純に去年より数字がいいからと、「この会社は頑張ってるな」とはいえないのです。

　逆の場合も同じです。

　前年比90％であっても、業界平均やライバル社がもっと悪ければ、その会社が悪いとは必ずしもいえません。市場が縮小するなかで伸びるのは大変なこと。むしろ努力しているほうだともいえるのです。

　このように、**会社の成長性を見るときには、単に数字を読むだけでなく、その背景まで読むことが重要なのです。**

8-5 あの企業の"成長期"の決算書に迫る!

そうだったのか!

成長のしかたや速度は、会社によってまったく違う!

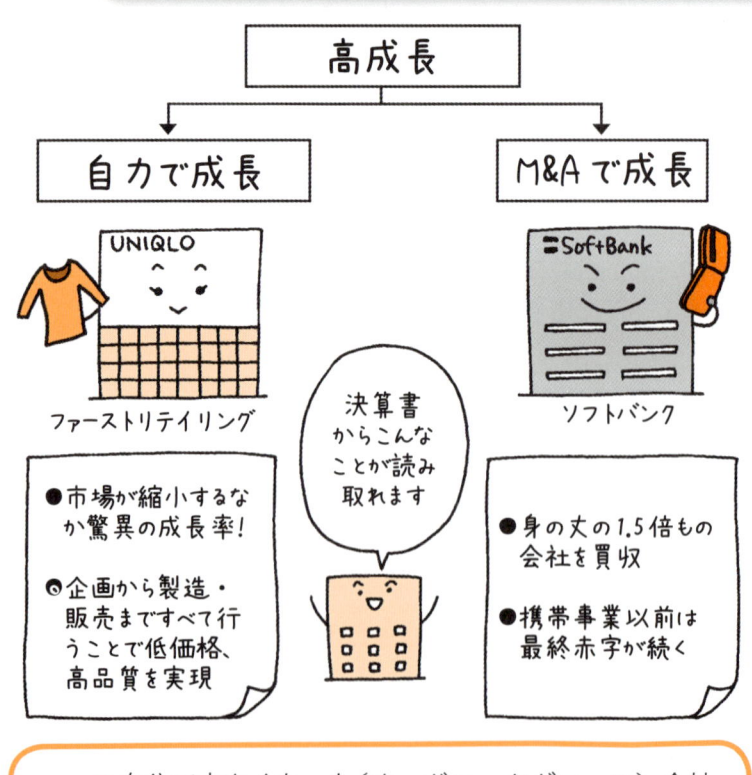

```
           高成長
          /      \
       自力で成長   M&Aで成長
```

ファーストリテイリング
- 市場が縮小するなか驚異の成長率!
- 企画から製造・販売まですべて行うことで低価格、高品質を実現

決算書からこんなことが読み取れます

ソフトバンク
- 身の丈の1.5倍もの会社を買収
- 携帯事業以前は最終赤字が続く

ポイント
- 自分で大きくなった（オーガニックグロース）会社もあれば、M&Aなどで大きくなった会社もある
- 人と同じく、会社の成長のしかたもいろいろある

●ユニクロ、縮む市場で成長できた理由（ワケ）

　8章の1から8章の4で、会社の成長性を見るうえでのポイントを書きました。8章の最後で、具体的に2つの会社の成長のようすを、決算書から見ていきましょう。

　ひとつ目は、先ほども取り上げたファーストリテイリング（以下、FR社）です。同業のオンワード（同O社）と比較します。

　成長性の分析では、時系列で見るのがポイント。ここでは、05〜09年度の5年間の成長率を見てみましょう。下の表は、とくに重要な売上高、営業利益、当期純利益、資産、純資産の成長率を年率に換算したものです（年率とは、たとえばFR社の売上高は、この期間、平均で毎年15％伸びたことを示します）。

成長率（年率）

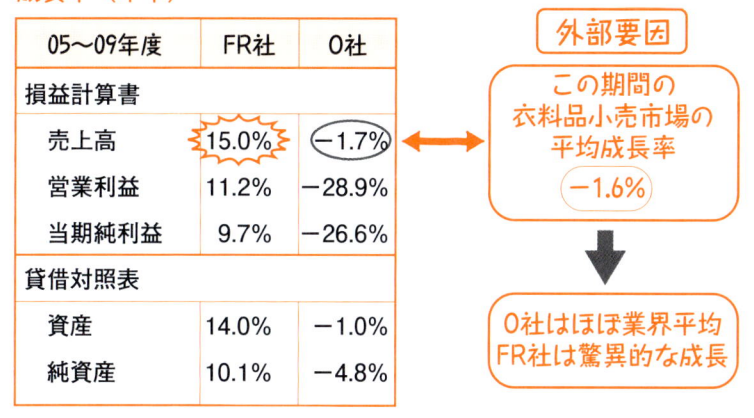

05〜09年度	FR社	O社
損益計算書		
売上高	15.0%	−1.7%
営業利益	11.2%	−28.9%
当期純利益	9.7%	−26.6%
貸借対照表		
資産	14.0%	−1.0%
純資産	10.1%	−4.8%

外部要因
この期間の衣料品小売市場の平均成長率 −1.6%

→ O社はほぼ業界平均　FR社は驚異的な成長

　まず売上を見ると、いきなり両社の圧倒的な差に驚きます。
　FR社が平均で毎年15％も伸びているのに対し、O社は成長ど

ころか年平均で−1.7％。ただし、O社が悪いとはまだいえませんね。そう、業界平均です。この期間のアパレル小売業界の平均売上高は、毎年−1.6％。業界自体がマイナスだったのです。したがって、<u>O社は必ずしも悪かったわけではありません。</u>

そんな市場のなかで、ＦＲ社が年率15％の売上成長ができたのは、まさに驚異的。その結果、業界シェアは、O社がほぼ変わらなかったのに対し、ＦＲ社は2倍以上になりました。

ＦＲ社の成長理由は内部要因だったのです。

業界シェアの推移 (%)

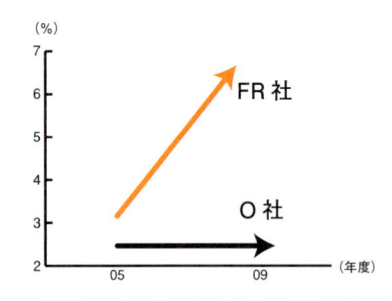

（グラフ：05年度から09年度にかけて、ＦＲ社は約3％から約6.5％へ上昇、O社はほぼ横ばい）

ＦＲ社の強みは、商品の企画から生産、販売までを一手に手がけるＳＰＡ＊と呼ばれるビジネスモデルでした。自社工場を持たずに、中国などの契約工場で製造。製品管理も低コストで行い、できあがった商品を問屋や百貨店に売らず、自社店舗のユニクロショップで販売。この結果、品質の割に低価格な商品をタイムリーに提供できたのです。

次に営業利益を見ると、O社は売上以上に減少幅が大きくなっています。なんと年率約−29％。価格競争の一方で、人件費などの固定費を減らせなかったことが響いています。

一方ＦＲ社は、年率約11％のプラス。固定費が営業利益を圧

＊Speciality Store Retailer of Private Label Apparel の略

迫するのは、O社と同じ。さすがに、売上ほどは大きく伸びていませんが、高成長であることには変わりません。

しかし、FR社といえども、毎年順調に成長したわけではありません。下のグラフは、FR社の04年度の売上高と営業利益を100として指数化し、それぞれ示したものです。

FR社の売上高と営業利益の推移

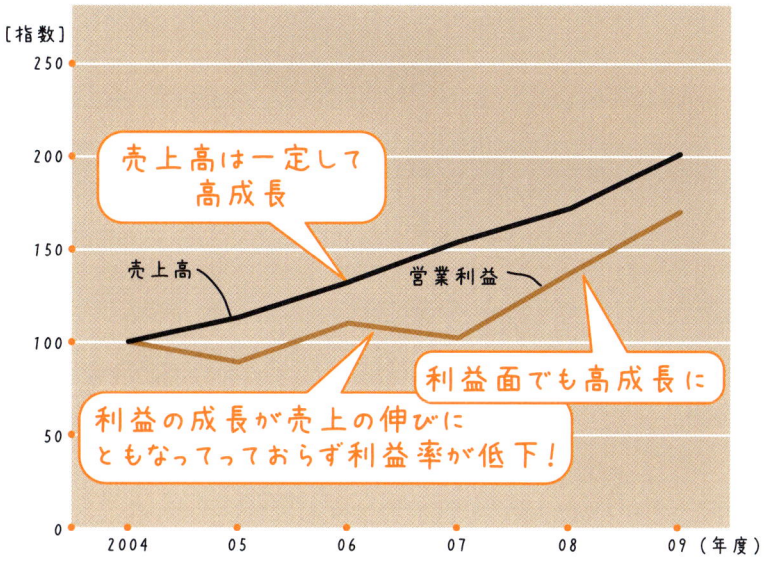

［指数］

- 売上高は一定して高成長
- 利益面でも高成長に
- 利益の成長が売上の伸びにともなっておらず利益率が低下！

（2004　05　06　07　08　09　年度）

07年度までは売上は伸びるも、利益はほぼ横ばい。この時期に何が起きていたのでしょう。

決算書を詳しく見ると、次のことがわかります。

- 給与の増加・・・パートの正社員化
- 家賃の急増・・・店舗の急拡大、都心部への出店増加
- その他費用の増加・・・新ブランドの立ち上げ費用

この頃FR社は、それまでのユニクロブームの反動に悩んでいました。創業者の柳井社長が若手に経営をゆだねるなど、試行錯

誤をしていたのです。ベーシックな定番商品から、ファッション性や機能性重視の商品に注力。結果的には、これらの戦略が粗利率を改善したと思われます。

このように企業には、成長が一時的に低迷する時期がたびたびあります。これをとくに**"踊り場"**とも呼びますが、それを乗り越えて、再び成長する努力をしているのです。

ＦＲ（ファーストリテイリング）社に見る「健全な成長パターン」

ＦＲ社の成長を、売上と利益面で見てきました。では、会社の身体といえる資産は、どう変化していたでしょうか。

p179のグラフのように、04年度を100として、資産と純資産（自己資本）を見てみます。

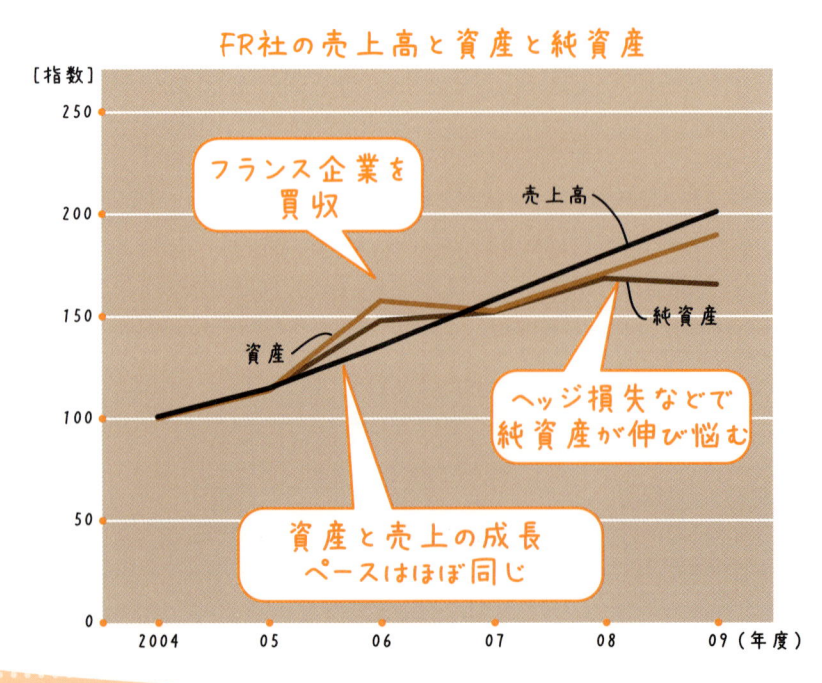

FR社の売上高と資産と純資産

［指数］

- フランス企業を買収
- 資産と売上の成長ペースはほぼ同じ
- ヘッジ損失などで純資産が伸び悩む
- 売上高
- 純資産
- 資産

2004　05　06　07　08　09（年度）

どちらも売上に沿うように伸びていますね。総資産回転率（→ p 112）を維持しながら、規模を大きくしているのがわかります。

身体の骨格である純資産も、ほぼ同じペースで伸長。健全な成長です。

06年度に資産がグッと上がっていますが、これはフランスの企業を買収したからです。また、09年度に純資産の伸びが若干落ちていますが、これは金融取引の評価損を計上したのが原因でした。

この時期のＦＲ社を総括すると、小規模なＭ＆Ａはありましたが、基本的には健全なオーガニックグロース（自力成長）で、大きくなったといえます。

ソフトバンク、身の丈1.5倍の巨額買収

もうひとつの例を紹介しましょう。携帯電話事業を機に、大躍進したソフトバンク（以下、ＳＢ社）です。

世の中には、自力成長だけでは飽き足らず、会社や事業をどんどん買収して成長速度を速める会社もたくさんあります。ＳＢ社は、まさにいい例でしょう。孫社長のビジョンとリーダーシップのもと、大胆な出資や企業買収で成長してきました。

2000年のＩＴバブル期には、時価総額（株価×株式数）で一時トヨタを超え話題に。当時、ＳＢ社の売上はトヨタの30分の1、利益は50分の1でした。株価は、"そのとき"ではなく、"将来"の成長に対する期待を反映します。それだけ、ＳＢ社への期待は高かったのです。

では、実際にITバブル期以降、どのように推移したのでしょう。売上高と当期純利益、それに買収の様子がわかるように資産を並べてみます（右ページ、上グラフ）。

　90年代後半のＳＢ社は、子会社のヤフージャパンが成長を牽引。しかし、2000年前半は、銀行やネット証券事業に投資するもふるわず、損失を出し続けました。

　成長企業のイメージからはだいぶかけ離れた姿ですね。

　そんなＳＢ社を急成長させたのが、電話事業の買収です。

　04年に日本テレコムを、06年にボーダフォン日本法人を買収。合わせて、**約2.1兆円もの大型買収を、当時資産約1.4兆円のＳＢ社がやってのけたのです。**まさに身の丈を超える買収でした。

ＳＢ（ソフトバンク）社、急成長の裏にあった巨大負債

　ＳＢ社は、自分の会社より大きな買い物をしたわけです。これには、相当なお金が必要です。

　ここで疑問がわいてきませんか。そう、**これだけのお金を、当時どこから調達したのか**です。

　電話事業を買収する前と後の貸借対照表を比べてみましょう（右ページ、下の表）。

分析！ 成長性の話 ～伸びる会社は、ココが違う！～ ● 8

ソフトバンク成長の軌跡

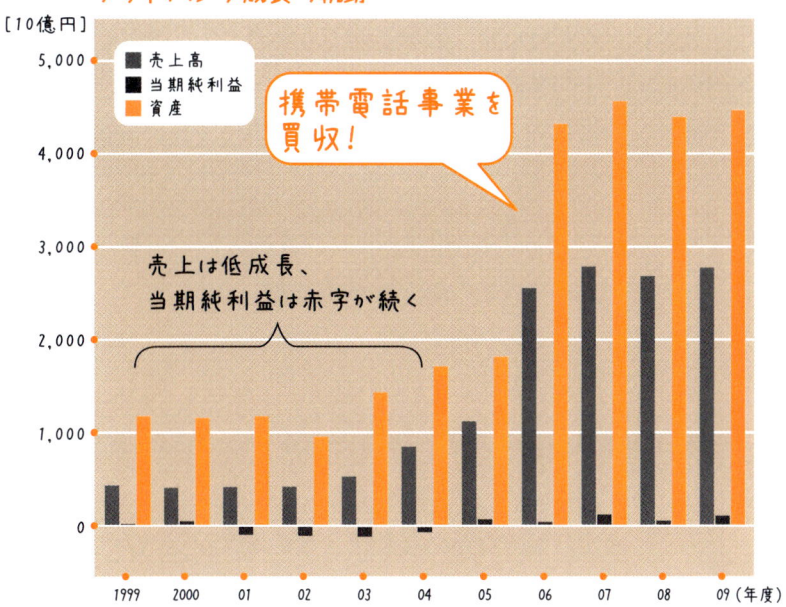

[10億円]

凡例：
- 売上高
- 当期純利益
- 資産

売上は低成長、当期純利益は赤字が続く（1999～2004年度）

携帯電話事業を買収！

1999 2000 01 02 03 04 05 06 07 08 09 (年度)

買収前 03年度
（単位：億円）

流動資産	8,880	流動負債	5,560
現預金	3,230	短期借入金	1,360
売上債権	880	仕入債務	480
固定資産	5,310	⋮	
有形固定資産	1,150	固定負債	5,350
		長期借入金	4,400
無形固定資産	170	⋮	
		負債合計	10,900
投資その他	3,990	株主資本	1,380
		少数株主持分	930
⋮		⋮	
資産合計	14,210	純資産	3,310

買収後 06年度
（単位：億円）

流動資産	12,470	流動負債	11,430
現預金	3,780	短期借入金	2,430
売上債権	5,840	仕入債務	1,950
固定資産	30,590		
有形固定資産	10,290 大幅アップ！	固定負債	24,520
		長期借入金	21,520 大幅借入
無形固定資産	12,800		
のれん	10,330 差額を計上	負債合計	35,950
		株主資本	1,590
投資その他	7,500	少数株主持分	4,300 大幅アップ！
⋮			
資産合計	43,110	純資産	7,160

資金の調達方法の前に、何が増えたか資産の部を見てみましょう。ＳＢ社の資産合計は、買収により3年間で、1.4兆円から4.3兆円に拡大。その多くは固定資産の増加です。

　設備などの有形固定資産だけでなく、のれん＊などの無形固定資産も増えていますね。

　そして、いよいよお金の調達を示す右側です。

　もっとも目を引くのが負債の部の長期借入金。約5倍に膨れ上がっています。大型買収を、大量の借金でまかなっていたのです。

　そのほか流動負債も増加。純資産の部では、買収した会社の持っている株式を示す、少数株主持分も増えています。

　しかし、**固定負債のなかの長期借入金の増大が圧倒的です。**

　ＳＢ社は、これだけ巨額の借金を決断できたからこそ、大型買収が可能だったのです。

　大量の借り入れをしたので、自己資本比率は17％以下に低下。財務体質が弱くなりました。

　しかし会社の経営は、買収した通信事業のおかげで安定化。買収が功を奏したのです。

　キャッシュフロー計算書を見れば、よくわかります。

キャッシュフロー計算書の推移

（単位：億円）

	00〜04年度	05〜09年度	00〜09年度
営業キャッシュフロー	−3,691	16,432	12,740
投資キャッシュフロー	−442	−29,360	−29,802
財務キャッシュフロー	5,924	16,633	22,557

＊のれんとは、買収する会社の純資産（簿価）と、実際に買収したときに払った価格（時価）の差額

2000～04年度では、営業キャッシュフローは3691億円の赤字。投資に回せるお金はなく、5924億円を財務活動で調達しています。事業そのものでお金を得られず、借入れなどで埋め合わせていたのです。借りている金額も大きく、かなり危険な状況でした。

　ではなぜ、銀行はこんな状態のSB社に、一見無謀とも思える買収の資金を貸したのでしょう。
　電話事業買収後の05～09年度の営業キャッシュフローを見てください。1.6兆円以上のプラスに転じます。
　通信事業は、それだけ大きな営業キャッシュフローを継続的に生み出すのです。この安定したキャッシュフローが見込めたからこそ、銀行は巨額の融資をしたのです。

　このようにSB社は、巨額の借金をもとに、果敢に大型買収を行い、**オーガニックグロースでは絶対にできない急成長を遂げたのです。**

8章のまとめ

- 会社の成長には、身体が大きくなる（貸借対照表が大きくなる）ことと、身体能力があがる（損益計算書の売上と利益が大きくなる）ことの2つの側面がある
- 成長性は売上の伸び、売上と利益の伸びのバランス、利益と資産（資本）の伸びのバランスの3点をチェックして考える
- 会社の成長には、新製品の投入などの内部要因と、世の中や市場の景気などによる外部要因がある。会社がどちらの要因で成長したのかを調べることが大切

覚えておきたい言葉

有機的成長	会社が自力で成長すること。英語でorganic growth（オーガニックグロース）という。
M＆A	複数の会社が合併してひとつの会社になること。英語のMergers and Acquisitions（合併と買収）の略。
成長ドライバー	会社を成長させている要因。これには内部要因と外部要因がある。
内部要因	新製品の発売や商品のヒット、経費の削減など。成長の理由を考える際、会社の努力によって成長したことを「内部要因によって成長した」などという。
外部要因	世の中の景気や市場のにぎわいなど。成長の理由を考える際、会社の努力と無関係なところで成長したことを「外部要因によって成長した」などという。

9

決算書から
会社のホントの
姿を見る！
分析編

9-1 会社の真の姿に迫る!

そうだったのか! 決算書は、会社の「意思」や「実態」を映し出す鏡！

おー
将来、こういうの作るぞ〜
ピピピピ…

そんなコトで儲けてたの〜
ライブで儲けた
キャー！
誠実第一！
ビシッ！

ポイント
- お金の使い方を見れば、会社の意思がわかる
- 儲けのしくみを見れば、会社の実態がわかる
- 決算書から未来も読める

決算書ににじみ出る会社のホントの姿

　この本もいよいよ最後の章です。

　前半の1〜5章では、主な決算書の種類・役割を、後半の6〜8章では収益性・安全性・成長性の分析方法を書きました。小難しい会計、決算書の話を人や身体にたとえ、できるだけやさしく書いたつもりです。

　繰り返しになりますが、決算書は会社の活動や財務状態の単なる記録ではありません。大切なのは、そこから経営の意思が読み取れること、もっといえば、未来が読めることです。

　具体的に会社の意思がもっとも表れるのが、お金の使い方です。

　たとえば、損益計算書における「費用」や貸借対照表とキャッシュフロー計算書における「投資」です。「どんな費用が多いのか」、「何にどれほど投資しているか」を見れば、会社が何を目指し、どれだけ成長したいか、そして、どこへ向かおうとしているのかが見えてきます。

　この最終章では、いくつかの実際の決算書から、それぞれの会社の意思、考え、戦略さらに、実態に迫っていきましょう。

　誰もが知っている有名企業も、決算書を読み解くことで、今までのイメージがガラリと変わるかもしれません。

ケース① 家電？ 金融？ ソニーはいったい何屋さん？

「ソニーはなんの会社？」と聞かれれば、多くの人がテレビ、ビデオなどのAV機器や、パソコン、ゲーム機を作る会社と答えるでしょう。ソニーブランドは世界中で知られています。

しかし決算書から見える姿は少し違います。

決算書には、事業の分野ごとに売上や利益をまとめた**セグメント情報**が載っています。2009年度のデータを見てみましょう。

ソニー09年度セグメント情報 *数字はセグメント間消去前 （単位：億円）

事業	売上高	営業利益	売上比率
家電・AV機器	32,277	－465	42%
PC・ゲーム等	15,758	－831	21%
業務用等	5,042	－72	7%
映画	7,052	428	9%
音楽	5,226	365	7%
金融	8,513	1,625	11%
その他	2,618	－48	3%

（家電・AV機器、PC・ゲーム等）売上比率は高いが儲かってはいない

（金融）じつはソニーの稼ぎ頭

売上比率を見ると、家電・AV機器、PC・ゲーム等の2事業で確かに全体の6割以上を占めています。ソニーに対する世の中のイメージどおりに思えます。しかし、本業の利益を示す営業利益は2事業あわせて1300億円近くもの赤字。

一方、保険などの金融事業からは1600億円以上、映画と音楽事業でも合わせて800億円の利益を出しています。普段目にする<u>ソニーブランドの製品からは、利益を出せていないのです</u>。

このように「どの事業で儲けているか」で見ると、私たちのイメージとは違う会社の姿が浮かびあがります。

今後はどう戦っていくのでしょう。続いて、この時点での意思を決算書から読み取ってみます。

将来に向けての種まきは、お金の使い方に表れます。以下にまとめました。まず新製品の原動力となる研究開発費*が低下しています。06年度をピークに、09年度には2割も減っています。

ソニーの研究開発費推移

(単位:億円)

	05年度	06年度	07年度	08年度	09年度
研究開発費	5,318	5,439 ピーク	5,206 ↓	4,973 ↓	4,320 ↓
(対売上比率)	7.1%	6.6%	5.9%	6.4%	6.0%
設備投資額	3,843	4,141 ピーク	3,357 ↓	3,321 ↓	1,927 ↓
(対減価償却費)	101%	104%	78%	82%	52%

また設備投資額もピーク時の半分まで削減。その水準は、減価償却費に対し52%にまで低下しています。<u>減価償却はいわば筋肉の衰え。それを設備投資という新たな筋肉で、十分補強していない状況です</u>。研究開発費と設備投資をこれだけ減らしたことが、今後新製品の投入スピードや競争力にどう影響するのか注目です。

＊R&D費用ともいいます

ケース② 真似して儲ける沢井製薬

　ジェネリック医薬品（後発医薬品）という言葉をご存じですか。特許が切れた薬を安く製造することで、販売価格を3割以上も抑えられるといいます。高齢化が進む日本では、増え続ける医療費を抑えるため、政府が普及させようとしています。
　ではなぜこれほど価格を下げられるのでしょう。

　大手製薬会社のアステラス製薬と、ジェネリック医薬品メーカー大手の沢井製薬の決算書を比較すると、両社のビジネスモデルの違いがわかります。

アステラス製薬と沢井製薬の決算数字（09年度）
（単位：億円）

	アステラス製薬		沢井製薬	
	金額	対売上比	金額	対売上比
売上高	9,749		501	
売上総利益（粗利）	6,856	70%	238	48%
営業利益	1,864	19%	85	17%
当期純利益	1,223	13%	50	10%
研究開発費	1,956	20%	36	7%

　まず目にとまるのは、売上総利益（粗利）の対売上比（売上総利益率）の差です。アステラスの70％に対し、沢井は48％。ア

ステラスの商品の付加価値の高さを感じさせます。

ところが営業利益率の対売上比（営業利益率）では、両社の差は縮小。**アステラスは、粗利と営業利益の間にある販管費が多いと予想できますね。**実際販管費率はアステラスのほうが沢井より20％以上も高いのです。

その主な要因は研究開発費。アステラスは、研究開発に約2000億円もの巨額な費用を使っています。それは売上の20％にものぼります。この開発費をカバーするために、高い粗利率が必要なのです。

一方、沢井の研究開発費は、売上のわずか7％。このように**ジェネリックメーカーは、新薬開発のための費用が少なくてすむので、粗利率が低くても十分利益を出せるのです。**

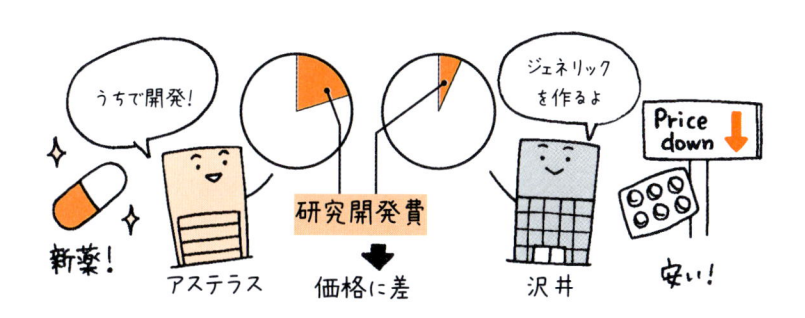

このケースに限らず、ほかの業界でも研究開発に力を入れ、差別化した商品で勝負する会社もあれば、価格の安さで勝負する会社もあります。

会社の戦略まで見えてくると、決算書は断然面白くなります。

ケース③　真似せず儲けるモスバーガー

　1971年、マクドナルドが日本1号店を銀座に出店。その翌年に、日本的なハンバーガーを目指しスタートした会社がありました。モスバーガーを展開するモスフードサービスです。

　モスバーガーはマクドナルドの手法を真似るのではなく、あえて逆を向きました。社長によれば「遠い、遅い、安くない」がコンセプト。駅から多少離れた場所にあり、注文から出てくるまでの時間はマクドナルドの数倍、単価も高め。でも、その分、食材と味にこだわる戦略です。この違いが決算書にはどう表れるでしょうか。

マクドナルドとモスフード主な比率の比較

	マクドナルド	モスフード	
原価率	81.1%	53.8%	こんなにも違う原価率、粗利率
粗利率	18.9%	46.2%	
販管費率	12.2%	42.4%	人件費を中心に販管費が高い！
販売促進費率*	5.4%	4.2%	
人件費率	3.7%	15.6%	
営業利益率	6.7%	3.8%	高い人件費のため営業利益率は低くなる

　同じハンバーガー店でも、両社は粗利水準がまるで別業種のようです。しかし、これこそが両者の戦略の違いなのです。

　モスフードは、粗利率こそ高いものの、ほとんどが販管費に消

*販売促進費とは、売上を増やすための広告宣伝費や奨励金などのこと

えています。

　モスフードの販管費率はマクドナルドのじつに3倍以上。販売促進費率に大きな差こそないものの、人件費率にいたってはマクドナルドの4倍以上！　もはや**モスバーガーはファストフード店というより、接客をするレストランなのです**。また、ここでは細かい数値を省略しましたが、食材の輸送コストや品質管理などにも多くの販管費が使われています。つまり、多額の販管費をカバーするために、高い粗利が必要なのです。

　結局、モスフードの営業利益率は3.8%と、マクドナルドの半分程度。しかし、だからといってモスフードの経営戦略が間違っているとはいえないでしょう。規模と価格競争力で勝るマクドナルドに対抗するには、同じことをやっていてもダメ。あえてマクドナルドと反対の路線に進んだからこそ、今日まで生き残ってきた、ともいえるのです。

ケース④　資生堂は何を売っている？

資生堂が化粧品メーカーであることは、ほとんどの人が知っているでしょう。では化粧品とは、そもそも何を顧客に提供しているのでしょうか。損益計算書からそのビジネスの本質に迫ります。

資生堂　09年度　損益計算書から (単位：億円)

	金額	対売上比	
売上高	6,442		
売上総利益（粗利）	4,840	75%	高い粗利率
販管費	4,337	67%	
営業利益	504	8%	
⋮	⋮	⋮	
当期純利益	337	5%	

販管費の内訳（対売上比）

販売・広告費	1,463（23%）
人件費	1,283（20%）
研究開発費	145　（2%）
⋮	⋮

　まず目を引くのが、75%という高い粗利率です。原価率はわずか25%*ということになります。化粧品自体を作るのにコストはあまりかからないことがわかります。

　ところが、営業利益率は8%にまで縮小しています。**販管費に売上の67%もかかっているのです。**その内訳を見ると、化粧品を売るための販売費や広告費、人件費などがたくさんかかっていることがわかります。

*原価率＝100%－粗利率。この例では100%－75%

仮に1000円の化粧品を作って売ったとすれば、作るのに250円、販売促進に230円、社員などの給与に200円、その他に240円の費用がかかっていることになります。そして残りの80円が営業利益になるのです。

製品を作るのと同じくらいの費用を、販売促進にかけているのがわかります。販促費をたくさん使い、美人な女優が登場するCMを製作、製品のブランド力を高めたり、美容効果をアピールしたりしているのです。

一方で新製品を開発するための研究開発費は、売上のわずか2％。一般的に、メーカーはだいたい売上の5〜10％を研究開発費に回しています。そう考えるととても低い水準です。

私は以前、ある化粧品会社の工場を視察したことがあります。水や薬品を調合する製造過程は化学メーカーと似ており、CMの華やかなイメージとは少し違いました。

化粧品会社は、決算書に表れないブランド価値で、美しさへの憧れを満たす心理的な満足を提供している、といえるかもしれません。いいかえれば、資生堂は夢を売っているのです。

「5分でわかるIFRS超入門！」もcheck!

特集

IFRS
（国際会計基準）
超入門！
〜知っておきたい3つの変更点〜

特集 IFRS（国際会計基準）超入門！
～知っておきたい3つの変更点～

世界共通の会計基準、はじまる

　数年前から、会計にかかわる人たちの間で、IFRS（アイファース、イファースとも）という言葉が話題になっています。会社の数字に関心を持っているみなさんなら、詳細は知らなくとも名前は耳にしたことがあるでしょう。

　IFRSとは、国際会計基準審議会（IASB）が定めた、国際的な会計のルールのことです。日本語では国際会計基準と訳されています。

　これまで会社の決算は、国ごとに独自の基準を定め、行ってきました。そのため、国が違えば会社の比較は難しかったのです。

　そこで、**グローバル化が進む現在「世界共通の会計ルールを作って統一しよう」**となったのです。**これがIFRSです。**

　IFRSは2005年から欧州で導入され、今ではほとんどの先進国が取り入れています。日本では2011年3月期の決算から順次導入がはじまりました。今後も各国で採用されていく見通しです。

まずはコレだけ！ IFRSでの3つの変更点

　IFRSの導入によって、報告様式が変わります。これまでなかった概念や用語もでてきます。「せっかく学んだのに」と戸惑う人も多いでしょう。しかし、**これまでの決算書や会計の基本を**

理解していれば、IFRSは怖くありません。

ここではその変更点を3つに分け、カンタンに紹介します。

①新・財務3表!? …名前やかたちが変わる!

まず、**基礎編で解説してきた財務3表の名前やかたちが変わり、損益計算書は包括利益計算書(ほうかつりえきけいさんしょ)となります**。それに伴い、包括利益という新たな概念が導入されます（これについてはp203で改めて紹介します）。

次に、**貸借対照表も財政状態計算書(ざいせいじょうたいけいさんしょ)に名称が変わります**。項目の並び順も、流動と固定が逆になり、表の左右配列が上下配列になる可能性があります。しかし、それぞれの要素が何なのかを理解していれば、順番や位置が変わっても問題ありません。

なお、キャッシュフロー計算書はそのままです。

したがって、IFRS導入後の新・財務3表は「包括利益計算書」「財政状態計算書」「キャッシュフロー計算書」になります。

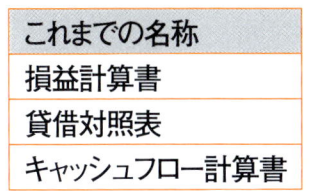

これまでの名称		IFRSでの名称
損益計算書	→	包括利益計算書
貸借対照表		財政状態計算書
キャッシュフロー計算書		キャッシュフロー計算書

②売上が減る!? 売上認識の考え方が変わる!

売上を計上できるタイミングも変わります。
IFRSでは、買い手が商品やサービスを受け取り、性能確認などの点検を終えてはじめて売上として計上できます。これまでの計

上方法のうち、出荷時点で計上する方法は原則認められません。

つまりその分、収益を計上するタイミングは遅れますが、売上の認識ルールを厳しくすることで、実態のない売上計上を防ぐため、決算の数字の信頼度が増します。

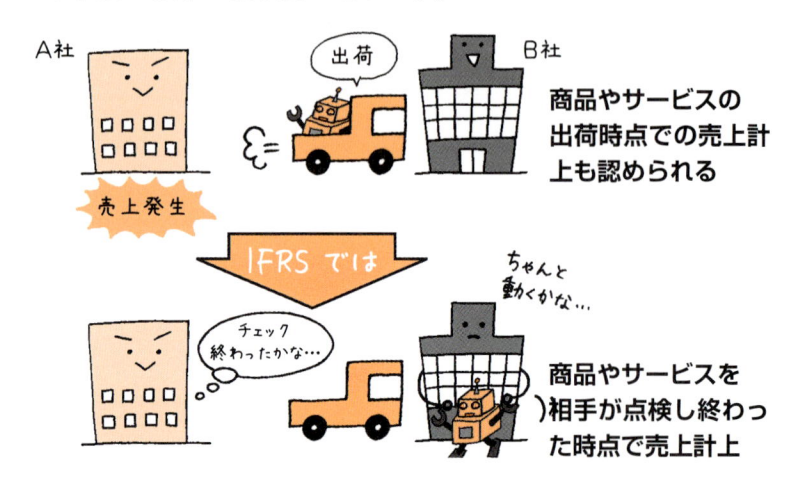

A社　出荷　B社
売上発生
商品やサービスの出荷時点での売上計上も認められる

IFRSでは

チェック終わったかな…　ちゃんと動くかな…
商品やサービスを相手が点検し終わった時点で売上計上

③「ケイツネ」が消える!?　費用や利益が変わる！

長年、日本の会社では、経常利益を「ケイツネ」と呼んで重視してきました。しかし**IFRSでは、経常利益はなくなります。**以前から決算書を読んでいる人は、この変更にショックを受けるかもしれません。

さらに、会社の本業以外からの収支を表す営業外利益・営業外費用と、その年度に臨時で生じた収支を表す特別利益・特別損失は、事業活動からのものと財務活動からのものに分けて示されることになりました（右図参照）。

しかし案ずる必要はありません。事業活動からの利益である営業利益はこれまでと同様に残ります。会社の利益は「事業活動か

らのものと、財務活動からのものに大きく分けられる」という基本を知っていれば、あとは書き方の違いだけです。

当期純利益の概念も変わりません。しかし一方で、**新たに追加される利益があります。それが包括利益です。**

包括利益とは、これまで最終的な利益であった当期純利益に、資産の再評価損益を加えたもの。わかりやすくいえば、会社が持っている株や債券などの値上がり（値下がり）や、為替による儲けや損失まで加味するのです。従来は、持っている金融資産の価値が変わろうが、損益計算書には反映されませんでした。そのため、最終利益の見かけをよくしようと、含み益のある株を売り、特別利益を稼いだケースもありました。しかしIFRSでは、そうした操作で意図的に利益を増やすことはできません。

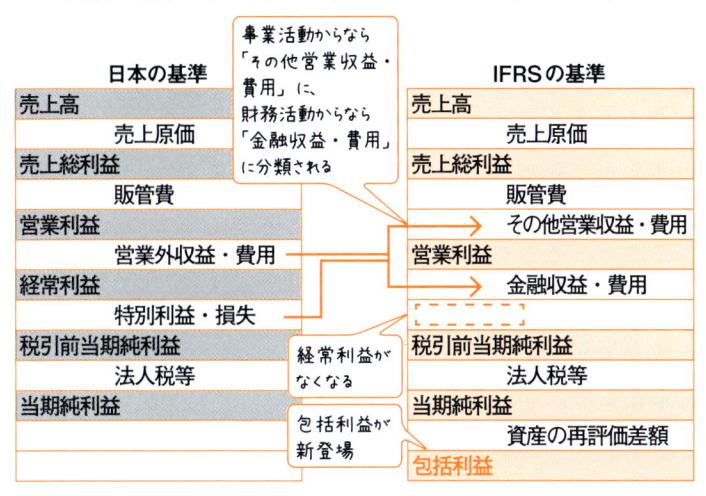

日本の基準		IFRSの基準	
売上高		売上高	
	売上原価		売上原価
売上総利益		売上総利益	
	販管費		販管費
営業利益			その他営業収益・費用
	営業外収益・費用	営業利益	
経常利益			金融収益・費用
	特別利益・損失		
税引前当期純利益		税引前当期純利益	
	法人税等		法人税等
当期純利益		当期純利益	
			資産の再評価差額
		包括利益	

- 専業活動からなら「その他営業収益・費用」に、財務活動からなら「金融収益・費用」に分類される
- 経常利益がなくなる
- 包括利益が新登場

基本的にIFRSは、見る人の使い勝手を考えて作られています。はじめは戸惑うかもしれませんが、そのかたちに慣れてしまえば、むしろ会社の実態がより見えるようになるでしょう。

おわりに

　読者のみなさん、最後までお読みいただきありがとうございます。会社や決算書を人や身体にたとえると、ずいぶんとイメージしやすくなったのではないでしょうか。本書を出発点として、さらに理解を深めるために勉強するのもよいでしょう。そしてぜひ、関心のある会社の決算書をご覧ください。

　上場企業であれば、その会社のホームページに、投資家向け情報として決算にかんするさまざまな書類を公開しています。そこでは決算書の集大成となる有価証券報告書を見ることができますが、ページ数も情報量も膨大です。そこでおすすめするのが、決算の速報として出す「決算短信」という書類です。この1ページ目は、決算書の主要な数字はもちろん、自己資本比率やROEなどの指標が一覧でき便利です。

　また決算書とは別に、わかりやすく財務ハイライトを作成していることも多く、主な決算数字や財務比率等の推移がグラフなどで表示されています。さらに、投資家向けの決算説明資料があれば、数字がなぜ上下したのか、今後の会社の戦略は何かなど、決算数字だけではわからない部分が補足説明されています。本書で決算書の基本を理解すれば、これらの資料を読みこなすのが楽しくなるに違いありません。

　日本では、上場企業に国際会計基準（IFRS）が導入され、決算書の様式も変化しています。しかし、本書ではあえて、これまで慣れ親しまれてきた決算書の基本形を使って説明しました。そ

のほうが基本を理解しやすく、新しい様式になっても応用ができるからです。くわえて、日本には150万社もの中小企業があり、全会社数の99%を占めています。つまり大半の会社では、これまでの決算書様式がひきつづき使われることになるのです。

　わかりやすさを優先したために、本書には書ききれなかったテーマが、じつはまだたくさんあります。たとえば「会社の値段って何？」「なぜ利益の同じ会社の株価が違う？」「会社が株を発行したり買い戻したりするのはどうして？」…。ここまで読まれたみなさんなら、こうした「本書の先の話」を知りたくなっていることでしょう。機会があれば、それらのテーマについても独自の手法でわかりやすく説きたいと思っています。

　私は、本書の執筆をとおして、わかりやすく伝えるということがいかに大変なことかを実感しました。項目を絞り込み、わかりやすい言葉や表現で説明しようと何度も書き直したプロセスは、さながらお米を削っておいしい部分だけで造る日本酒の大吟醸という感じでしたが、お味はいかがだったでしょうか。

　本書はもちろん、私だけの力では仕上げられませんでした。かわいらしいイラストを描いてくださったハヤシさん・内藤さん、やさしいイメージのレイアウトでまとめてくださった萩原さん・南さん、出版する機会をいただいた高橋書店、本書の編集担当として最後まで読者目線でアドバイスをくださった高橋さんをはじめ、制作にかかわった方々、そして本書を読まれたすべてのみなさまに心より感謝いたします。

佐伯良隆

さくいん

● 英字

- B/S（Balance Sheet） ……………… 29
- C/S（Cash Flow Statement） ……… 29
- IFRS ………………………………… 200
- Income Statement ………………… 29
- M&A ………………………… 171, 186
- P/L（Profit and Loss Statement）… 29
- ROA ………………………… 109, 128
- ROE ………………… 111, 128, 143

● あ行

- 粗利 …………………………… 44, 46
- 粗利率 ………………………… 103, 105
- 安全性 ………………………… 99, 131
- 受取手形 ……………………………… 74
- 売上 …………………………… 30, 40
- 売上原価 ……………………… 44, 46
- 売上債権 ……………………………… 74
- 売上債権回転期間 ………………… 159
- 売上総利益 ………………… 44, 45, 46
- 売上総利益率 ………………… 103, 105
- 売上高 ………………………… 44, 46
- 売上高利益率 ………………… 103, 113
- 売掛金 ………………………………… 74
- 営業外収益 …………………… 44, 50
- 営業外費用 …………………… 44, 50
- 営業活動 ……………………………… 33
- 営業CF ………………………………… 90
- 営業利益 …………………… 44, 45, 48, 49
- 営業利益率 …………………… 103, 128
- 踊り場 ……………………………… 180

● か行

- 買掛金 ………………………………… 77
- 会計 …………………………………… 35
- 外部要因 ……………………… 173, 186
- 合併 ………………………… 168, 171
- 株 ……………………………… 25, 26
- 株式会社 ……………………………… 25
- 株主資本 ……………………………… 81
- 株主資本等変動計算書 …………… 29
- 間接費 ………………………………… 58
- 期首 …………………………………… 21
- 期末 …………………………………… 21
- キャッシュフロー計算書 …… 29, 32, 84, 85
- 給与 …………………………………… 48
- 金融収益・費用 …………………… 203
- 黒字倒産 ……………………… 155, 162
- 経常利益 …………………… 44, 45, 50
- 経常利益率 ………………………… 106
- 決算 …………………………… 21, 26
- 決算期 ………………………………… 21
- 決算書 ………………………………… 21
- 決算日 ………………………………… 21
- 減価償却費 ……………………… 48, 89
- 原価率 ……………………………… 105
- 研究開発費 …………………………… 48
- 現金 …………………………………… 73
- 現金および現金同等物 ……………… 74
- 広告宣伝費 …………………………… 48
- 光熱費 ………………………………… 56
- ゴーイング・コンサーン ……… 36, 40
- 国際会計基準 ……………………… 200
- 固定資産 ………………… 67, 71, 75
- 固定長期適合率 …………………… 139
- 固定費 ………………… 58, 122, 128
- 固定比率 …………………… 139, 162
- 固定負債 ……………………… 67, 76

● さ行

- 債権者 ………………………… 25, 26
- 財政状態計算書 …………………… 201
- 財務活動 ……………………………… 33
- 財務CF ………………………………… 90
- 財務3表 ……………………………… 29
- 財務諸表 ……………………………… 29
- 債務超過 …………………… 149, 162
- 仕入債務 ……………………………… 77
- 資金繰り …………………… 88, 132, 162
- 時系列分析 ………………… 100, 101
- 自己資本 ……………………………… 70
- 自己資本比率 ……………… 135, 162
- 自己資本利益率 …………… 111, 128
- 資産 ………………………… 32, 40, 66
- 資産の部 ……………………………… 65
- 実数分析 …………………… 100, 101
- 支払手形 ……………………………… 77
- 四半期決算 …………………………… 21
- 資本金 ………………………………… 81
- 資本剰余金 …………………………… 81

社債	78	内部留保	117
収益	30, 40	のれん	184
収益性	99		
収益費用対応の原則	38, 40	●は行	
出資者	25, 26	買収	168, 171
純資産	32, 40, 66, 71	配当	25
純資産の部	65	発生主義	37, 40
少数株主資本	81	販管費	48
消耗品費	48	販管費比率	105
人件費	48, 55	販売費及び一般管理費	44, 48
ステークホルダー	24, 26	費用	30, 40
成長性	99	評価・換算差額等	81
成長ドライバー	173, 186	比率分析	100, 101
税引前当期純利益	44, 45, 51	付加価値	115, 128
税引前利益率	106	付加価値率	116
セグメント情報	190	複式簿記	39
総資産回転率	112, 128	負債	32, 40, 66, 71
総資産利益率	109, 128	負債の部	65
総資本	136	附属明細書	29
その他営業収益・費用	203	変動費	58, 122, 128
その他の資産	73	包括利益	203
損益計算書	29, 30, 42, 43	包括利益計算書	201
損益分岐点	123	法人税	52
●た行		●ま行	
貸借対照表	29, 31, 62, 63	無形固定資産	75
貸借料	48	目論見書	158
他社比較分析	100, 101		
棚卸し	47	●や行	
棚卸資産	47, 73	家賃	56
他人資本	70	有機的成長	171, 186
短期貸付金	73	有形固定資産	75
短期借入金	77	有利子負債	150
中間決算	21	預金	73
長期借入金	78		
直接費	58	●ら行	
通信費	48	利益	30, 40
当期純利益	44, 45, 52	利益剰余金	81
当期純利益率	103, 106	利害関係者	24, 26
当座資産	73	利子	57
投資活動	33	リスク	145, 162
投資CF	90	流動資産	67, 71
投資その他資産	75	流動比率	138, 162
特別損失	44, 51	流動負債	67, 77
特別利益	44, 51	レバレッジ	143
●な行		労働生産性	116
内部要因	173, 186	労働分配率	117

●著者
佐伯良隆（さえき よしたか）

早稲田大学政治経済学部卒。ハーバード大学経営大学院MBA。
日本開発銀行（現日本政策投資銀行）にて企業向け融資の業務にあたるほか、世界銀行や日本政府のプロジェクトとして諸外国で財務研修を実施。企画担当および講師として中心的な役割を果たす。その後、米国投資顧問会社であるアライアンス・バーンスタインにて、金融アナリストおよびファンドマネジャー（運用責任者）として活躍。さまざまな経営者と会い、企業を分析することで、巨額の資金にかかわる投資判断を行う。
また、ビジネススクールにて長年ファイナンス系科目の教鞭を執りながら、中立公正な立場で正しい金融知識を普及すべく活動している。難解な金融や会計のテーマをわかりやすく解説する手法には定評がある。オフィス・サエキ代表、グロービス経営大学院専任教授、東京都金融広報アドバイザー。

○著書
　『知っておきたい ホントに大事なお金の話』（高橋書店）

メールアドレス　ysaeki.hbs94@gmail.com
ブログ　　　　 http://officesaeki.blog.fc2.com/

知識ゼロでも
2時間で決算書が読めるようになる！

著　者　佐伯良隆
発行者　高橋秀雄
発行所　高橋書店
　　　　〒112-0013　東京都文京区音羽1-26-1
　　　　編集 TEL 03-3943-4529 ／ FAX 03-3943-4047
　　　　販売 TEL 03-3943-4525 ／ FAX 03-3943-6591
　　　　振替 00110-0-350650
　　　　http://www.takahashishoten.co.jp/

ISBN978-4-471-21246-9
Ⓒ SAEKI Yoshitaka　　Printed in Japan
定価はカバーに表示してあります。
本書の内容を許可なく転載することを禁じます。また、本書の無断複写は著作権法上での例外を除き禁止されています。本書のいかなる電子複製も購入者の私的使用を除き一切認められておりません。
造本には細心の注意を払っておりますが万一、本書にページの順序間違い・抜けなど物理的欠陥があった場合は、不良事実を確認後お取り替えいたします。下記までご連絡のうえ、小社へご返送ください。ただし、古書店等で購入・入手された商品の交換には一切応じません。

※本書についての問合せ　土日・祝日・年末年始を除く平日9：00～17：30にお願いいたします。
　内容・不良品／☎03-3943-4529（編集部）
　在庫・ご注文／☎03-3943-4525（販売部）